ペーパークイリングのお菓子と料理 70レシピ
紙で作るミニチュアフード

内藤貴子

日貿出版社

はじめに

　2011年に初めて刊行した『大好き！ ペーパークイリング』から数え、共著を含めて4冊目の本が出来上がりました。大好きなクイリングの本を出版できることに感謝しています。
　クイリングでは様々な作品を作ることができますが、今回は「食べ物」にテーマを絞りました。
　私の作品にはいろいろなお菓子をはじめ、洋食、和食などの「食べ物」がたくさんあります。最近は樹脂や粘土で作るミニチュアフードが人気ですが、紙を使ったクイリングでもリアルな食べ物が作れることを知っていただき、一緒に楽しめたらと思っています。
　昔、お気に入りのお店でケーキを買い、夜中にこっそり食べるのが自分へのご褒美でした。そんな時、見た目も美しいケーキを食べ終えるとなくなってしまうことが残念で、クイリングで作ることはできないかな？　と思い、写真に撮って後からミニチュア作品にしてみました。大きいケーキを作ろうとすると細部に凝らなければならないので、省略することのできるミニチュアの方がむしろ簡単だったのです。
　それからというもの、いろいろな食べ物を作品化するのが楽しくなり、今ではほとんどのものを作ることができるようになりました。クイリングの技法だけでは表現が難しい場合もありますが、そんな時はひと工夫してちょっと違う技法や素材を組み合わせるのも楽しいものです。たとえば、UVレジンを使ってラーメンやうどんのスープを表現したり、透明なフィルムを巻いてグラスを作ったり、和紙を貼って和陶の器を作ったり…。あまり型にはまらず自由な発想で制作するのはとても楽しいし、表現の幅も広がります。
　とはいえ、もちろんメインはペーパークイリング。基本パーツをアレンジして、いかに多彩な表現ができるかというのが一番の醍醐味です。この本では、基本パーツのタイトサークルを応用して作るクッキー1枚、チョコレート1粒から始めてバースデーケーキや和定食まで、いろいろな食べ物の作り方をご紹介しています。ミニチュアフードを紙で作る楽しさを味わっていただけたら嬉しいと思います。
　この本を通じて、ペーパークイリングの魅力を、より多くの方に伝えることができればと願っています。

2016年12月

内藤貴子

ペーパークイリングとは

ペーパークイリングは、**リボンのような細長い紙をクルクル巻いたパーツを組み合わせて**いろいろなものを作っていくクラフトです。その歴史は中世ヨーロッパにさかのぼり、修道女たちが聖書を作った羊皮紙の切れ端を鳥の羽軸に巻き、宗教画や宗教的用具を飾ったことが始まりといわれています。現在ではポップなカード作りからアーティスティックな作品まで、幅広い表現が楽しまれています。

本書のサイズ表示等について

作品のサイズ表示

サイズの表示は、基本的に下記の通りです。

額作品 ☞ 額の横×縦 cm
額以外の平面作品 ☞ 横×縦 cm、または直径 cm
立体作品 ☞ 幅×高さ×奥行き cm、または直径×高さ cm

＊複数の作品がセットになっている場合などは、そのうちの1つ、もしくは一部のサイズのみを大きさの目安として表示することがあります。

パーツに使用したクイリングペーパーの説明

作例のレシピの中のクイリングペーパーの説明は、基本的に下記の通りです。

タイトサークル 茶色〈2mm 幅〉55cm
　　↓　　　　↓　　　　↓　　　↓
　パーツ名　　色　　　幅　　　長さ

長さ55cmのクイリングペーパーをクルクル巻いて、タイトサークルを作るということです。

これに合わない場合は個別に表示しています。たとえば次のような例があります。

紙の長さではなく、この直径まで巻くということを示す例
　☞ **タイトサークル** ピンク〈2mm 幅〉(直径 8mm)

ルーズサークルを変形させるパーツに元のルーズサークルの直径を示す例
　☞ **ティアドロップ** ピンク〈2mm 幅〉(元の直径 8mm)

クイリングペーパー以外の紙を使用することを示す例
　☞ **スパイラル** ピンクのタント紙〈1〜1.5mm 幅〉12cm

基本パーツ以外の例
　☞ 赤い紙をハート形のパンチで抜いたもの

もくじ

はじめに…2

ミニチュアフード・クイリングの世界へ、ようこそ！… 6

Chapter 1
クイリングの基本 …… 21

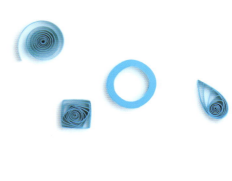

クイリングの用具と材料 … 22
基本パーツ …24
覚えておきたいクイリング・テクニック … 29
クイリング Q&A … 30

Chapter 2
スイーツがいっぱい …… 31

クッキーの詰め合わせ … 32
◆ Quilling + Paper Craft　クッキーの缶 … 35
7粒のチョコレート … 36
お菓子の家 … 38
◆ Quilling + Paper Craft　家 … 43
クリスマスブーツ … 44
カップケーキ4種 … 46
◆ Quilling + Paper Craft　四角い缶 … 47
小さなケーキ3種 … 48
イチゴのバースデーケーキ … 50
大きなケーキ4種 … 52

チョコレートパフェ … 54
焼き芋のミニフレーム … 56
スイーツのウェルカムボード … 58
◆ Quilling + Paper Craft　小さなケーキショップ … 60
アクセサリーを楽しむ … 64
表現のいろいろ　流れる液体の表現 … 66
　　　　　　　　パステルで焼き色をつける … 68

Chapter 3
お料理いろいろ … 69

お子様ランチ … 70
パンケーキセット … 73
ハンバーガー … 74
ビーフシチュー … 75
小さな和のお料理17種 … 76
醤油ラーメン … 84
肉ジャガ … 86
エビフライ … 87
焼き鮭 … 88
ホッケの塩焼き … 89
お刺身 … 90
◆ Quilling + Paper Craft　お刺身のゲタ … 91
◆ Quilling + Paper Craft　お盆 … 91

実物大型紙 … 92
ラベルサンプル … 95
ペーパークイリングの用具・材料販売店 … 95

ミニチュアフード・クイリングの世界へ、ようこそ！
Welcome to the world of miniature food quilling.

8頁に掲載した「パティスリーTAKA」の中のケーキたちです。
丸いケーキの直径は1〜1.5cmぐらいです。

実物大

Welcome to the world
of miniature food quilling.

パティスリーTAKA 36×36cm

46種類のケーキを作って額に入れました。紙でどこまで本物に近づけるか…、おいしそうに見えるか…、試行錯誤しながら制作しています。特においしいものを制作している時は、楽しい気持ちになれます♪

四季のスイーツ 25×25cm

春夏秋冬に分けてスイーツを作りました。楽しい気分を表現するために、お花をあしらい、女子力高めの作品に仕上げています。

Welcome to the world
of miniature food quilling.

上：**お菓子の家** 3×3.5×3.5cm
下：**クッキーの詰め合わせ** 缶の直径 4cm

クイリングでクッキーを作るのは意外に簡単です。簡単なのに可愛く表現できるので、プレゼントにも最適です。クッキーやキャンディーなど、いろいろなお菓子を家に貼りつけると、物語に出てくるようなお菓子の家を作ることもできますよ。

クリスマスブーツ 8×7.5×8cm

ここでもクッキーとキャンディーが大活躍！ クイリングでお菓子を作れるようになったら、好きなお菓子をいっぱい入れて楽しみましょう。

Welcome to the world
of miniature food quilling.

スープと野菜のウェルカムボード　27×22cm

野菜に顔をつけることによって、雰囲気が明るくなります。
「ウェルカム！」の気持ちを込めて、笑顔の野菜たちにしてみました。

スイーツのウェルカムボード 27×22cm

せっかく作ったスイーツをどう飾っていいか悩んだ時は、全員集合！
ウェルカムボードで額装にすれば達成感も味わえます。

Welcome to the world
of miniature food quilling.

4つのプレート

上から時計回りに：パンケーキセット／ビーフシチュー／お子様ランチ／ハンバーガー　直径各 4.5cm

リアルというよりも、おもちゃのような可愛らしさを意識して作りました。
リアルにするか、おもちゃ風にするか、方向性を変えると雰囲気が変わります。
テーマを決めたらどちらの方向にするか考えると制作しやすくなりますよ。

Quilling Cafe　19×16.5×16cm

通販で買った中国製の安いミニチュアキットの外側だけを利用して、中身は全てクイリングで作ったものに変えました。外観や内装、壁の模様や色なども、自分の好みで変えることができます。クイリングに木工や紙工作の要素を加えるのも、時には新鮮です。

Welcome to the world
of miniature food quilling.

食輪亭

kui
ring
tei

和食

海鮮
kaisen

海鮮シリーズ

上左：イクラちらし／下左：海鮮ちらし／下右：鉄火ちらし　お盆：各8×7cm

和紙を使って器を作ると、高級感がぐっと増します。外国人のお友達にプレゼントすると喜ばれそう。
日本酒の名前は遊び心でつけてみました。面白ネーミングを考えるのも楽しいですよ。

丼シリーズ

上左：醤油ラーメン／上中：カツ丼／上右：月見うどん／下左：鰻丼／下中：エビ天丼／下右：焼きおにぎり茶漬け

各直径 2.8× 高さ 1.6cm

実物大

醤油ラーメン、月見うどん、焼きおにぎり茶漬けはUVレジンを使ってスープを表現しています。UVレジンを使ったリアルな表現と紙だけの表現を組み合わせてメリハリをつけると、クイリング本来のよさも、いっそう引き立つと思います。

Welcome to the world
of miniature food quilling.

実物大

定食シリーズ

上左：ホッケの塩焼き／上右：エビフライ／下左：お刺身／下右：焼き鮭　お盆：各8×5.5cm

リアルな定食を制作するためには、題材をよく観察することが大切です。特に色味には気をつけ、おいしく見える工夫をしています。クイリングならではの「渦巻き」を、できるだけ見せるようにすると面白い作品に仕上がります。

定食シリーズ

上左：ざる蕎麦／上右：鍋焼きうどん／下左：寄せ鍋／下右：肉ジャガ　お盆：各8×7cm

クイリングは紙を巻いて作るものなので、模様を入れることは苦手。和食器に柄を入れたい場合は、和紙を使うのがおすすめです。クイリングで作った器に和紙の切れ端を貼りつけるだけで、趣のある和の器を作ることができます。

Welcome to the world
of miniature food quilling.

ごはんと小さなおかず

右の皿の中央：ごはん／その上から時計回りに：豆腐のお味噌汁／ハマグリのお味噌汁／ホウレンソウのお味噌汁／焼きのりとしば漬け／白菜漬け／たくあんと大根のぬか漬け／ひじき2種
左の皿の中央：生卵／その上から時計回りに：納豆／つみれあんかけ／冷や奴／オクラのおひたし／ホウレンソウのおひたし／ソース／冷や奴／醤油
ごはん：直径1.9×高さ1cm

毎日目にしている食卓のサブキャラクターたち。
ごはんの友や箸休めとして重要な役割を持つおかずなので、
手を抜かず、よく観察して制作しました。
一見地味なモチーフほど、工夫の楽しみがありますよ。

実物大

Chapter 1
クイリングの基本

この章では、これからペーパークイリングを始める方のために、用具・材料と、基本パーツの作り方をご説明します。本書に掲載した様々な作品も、すべて基本パーツの組み合わせでできています。楽しみながらマスターして下さい。

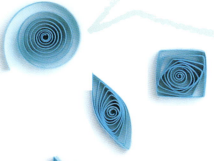

クイリングの用具と材料

はじめに そろえたいもの

クイリングペーパー以外には、特別な用具・材料は必要ありません。まずは、こんな道具をそろえて始めましょう。ほとんどがお家にあるものや、100円ショップでそろえられるものばかりです。

クイリングペーパー
細長いリボン状の紙で、専門店やネットショップなどで、様々な色・サイズのものが販売されています。本書では、主にアメリカのLake City Craft社のペーパーを使用しています。これは基本的に1本の長さが61cmで、幅は1.5mm、2mm、3mm、5mm、7mm、10mmなどです。

タント紙
クイリングペーパーの代わりに、タント紙やラシャ紙など、好きな紙を自分で細長く切って使うこともできます。この15×15cmのタント紙は100枚（100色）セットで600円程度。長い紙を必要としない小さなパーツを作る時に便利で、本書の作例にも多用しています。

ハサミ
ペーパーを切ります。できればクラフト用の小さいものを選びましょう。

ピンセット
パーツをつまむのに使います。先が鋭いものがおすすめです。

フラワーピン
ペーパーを巻くのには、造花などに使うフラワーピンが最適です。慣れないと難しく感じるかもしれませんが、何度か練習すると、意外に簡単に巻けるようになります。

粘土ベラ
グレープロールやコーンロールを押し出すのに使います。

ニードル
主にペーパーに糊をつけるのに使います。爪楊枝などでも代用できます。

定規
ペーパーの長さを測ります。

糊（ボンド／セメダイン）
紙を貼りつけたりパーツを接着する時は、木工用ボンドを使用します。小皿に少量出しておき、ニードルや爪楊枝で取ってつけるとよいでしょう。台紙などを貼る時は、工作用セメダインを使用すると紙がつっぱらず、きれいに仕上がります。本書ではどちらも「糊」と呼んでいます。

パターンプレート
ルーズサークル等のパーツを作る時、サイズをそろえるのに便利です。専用のクイリングルーラーもありますが、100円ショップで売っているパターンプレートでも代用できます。

コルクボード／スチレンボード
パーツをその上に乗せて組み立てます。

あると便利な用具たち

作業を楽にしたり、特別な効果を出すための用具はいろいろあります。クイリングに慣れてきたら、作りたい作品に応じて少しずつ増やしていくとよいでしょう。

クイリングツール
パーツを巻くための道具で、先端の溝に紙をはさんで巻きつけます。太さや溝の形など、いろいろな種類のものがあります。

クリンピングツール
クイリングペーパーにギザギザ模様をつけるための用具です。

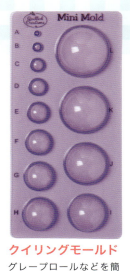

クイリングモールド
グレープロールなどを簡単に作るための「型」です。

丸パンチ
紙を円形に抜くパンチです。いろいろなサイズがあるので、必要に応じて選びましょう。

クラフトパンチ
ハート形、星形、リーフ形、顔形など、いろいろな模様を抜くことができるパンチです。

ポンチ
クラフトパンチではできない小さな丸を作ることができます。

いろいろな太さの棒
コーンロールの先端を平らにしたり、穴あきタイトサークルの型にするなど様々な使い道があります。ワイヤーワーク用のステンレスやアルミの丸棒セットは、1〜7mmまでいろいろな直径がそろっていて便利です。

角丸パンチ
紙の角を丸くするためのパンチです。

サークルカッター
紙を様々なサイズの円形に切るカッターです。

ピンキングバサミ
紙の縁を各種の波形などにカットします。

カッターナイフ
台紙を切ったり、長い紙を切り出す場合などに使います。

工作用紙
ペーパークラフトで器や家具などを作る時、台紙として使います（62頁のワンポイント参照）。

基本パーツ

クイリングでは、様々なパーツを組み合わせて1つの作品に仕上げます。複雑な作品も、全て基本パーツや、その変形の組み合わせです。他にもたくさんのパーツがありますが、本書の掲載作品に使用しているものを中心に基本的なパーツをご紹介します。

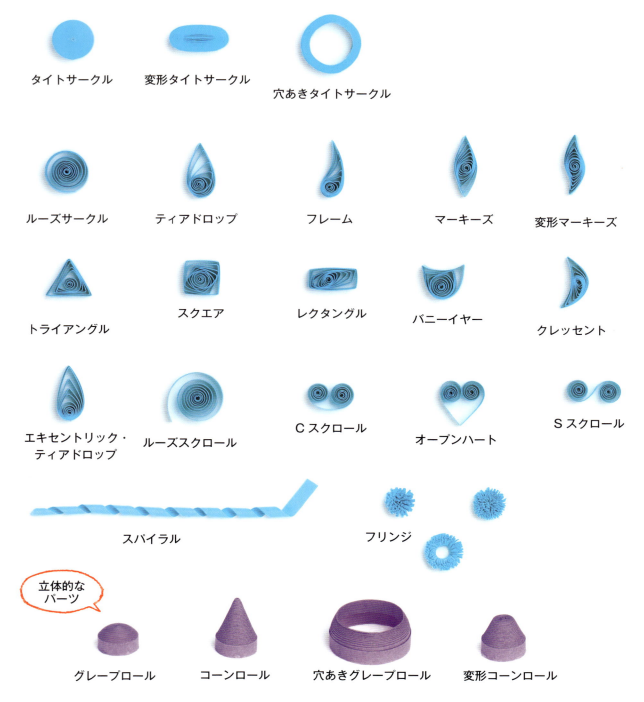

タイトサークル

1 ペーパーの端にフラワーピンの先を置く。

2 ペーパーの端からフラワーピンに巻きつけていく。

3 ゆるまないように、きっちりと3〜4回ぐらい巻く。

4 その後ピンを抜き、続きは指で巻いていく。

5 両手の親指と人さし指を使い、少しずつ巻いていく。

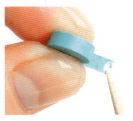

6 私の場合、右手で巻いては左手で押さえる動作を繰り返す。

7 ちょうどいい大きさになるまで巻いたら紙を切る。

8 巻き終わった端に少量の糊をつけて留める。

変形タイトサークル

1 芯になる部分の長さに合わせて紙の端を折る。

2 1を芯にして紙を折りたたむように巻いていく。

穴あきタイトサークル

1 穴と同じ直径の筒に紙を1回巻き、糊で留める。

2 筒を抜き、そのままきっちりと巻いていく。

ルーズサークル

1 タイトサークルの巻き終わりを留めず、自然にゆるませる。

2 パターンプレート等の穴に入れ、形を整えて糊で留める。

ティアドロップ

ルーズサークルの一部をつまんで涙形にとがらせる。

マーキーズ

ルーズサークルの両側をつまんでとがらせる。

トライアングル

ルーズサークルを指で押して三角形に形作る。

スクエア

マーキーズの平らな面の真ん中にもそれぞれ角をつけ、四角形にする。

バニーイヤー

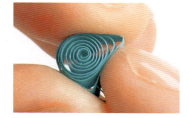

1 ルーズサークルの片側を指で押してへこませる。

2 円筒状のものでへこませると、よりきれいな形になる。

エキセントリック・ティアドロップ

1 ルーズサークルの中心を針で片側に寄せ、その部分を糊で留める。

2 留めた部分の反対側をつまんでとがらせる。

ルーズスクロール

タイトサークルの巻き終わりを留めないままにする。

オープンハート

1 紙を全体の長さの半分に折る。

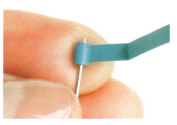

2 両端をそれぞれ内側に向けて巻いていく。

Cスクロール

1 紙を折らずに両端をそれぞれ巻いていく。

2 親指と人さし指で何度か転がすと、巻きが均一になる。

スパイラル

ニードルやピンなどに、らせん状に紙を巻きつける。

フリンジ

紙の側面にハサミで細かい切り込みを入れてから巻く。

> 立体的な
> パーツ

グレープロール

1 原形となるタイトサークル。

2 タイトサークルを裏側から指で押し出して凸面にする。

コーンロール

粘土ベラなど先がとがったもので、裏側から押し出す。

変形コーンロール

1 コーンロールの先を下にして円筒状のものを中に入れる。

2 円筒でギュッと押すと、先が平らになる。

穴あきグレープロール

1 穴あきタイトサークルを変形させる。

2 内側を指で少し押し出す。

3 親指と人さし指ではさんで前後に転がすように動かすと、さらに凸面が出てくる。

覚えておきたいクイリング・テクニック

 ## パタパタ折り

紙を折り重ねて厚みを出すテクニックを、私は「パタパタ折り」と呼んでいますが、本書ではこの手法をよく使っています。25頁の「変形タイトサークル」と同じように、初めに基準になる長さに紙を折り、巻き折りするように折り重ねていきます。1折りごとに糊づけする方法と、最後に留めるまで糊づけしない方法があるので、用途に合わせて使い分けましょう。

糊づけしないと変形できる（59頁のティーポットの注ぎ口の例）。

1折りごとに糊づけすると変形できない（34頁のスティッククッキーの例）。

 ## クイリングペーパーのジョイント

本書で使用しているクイリングペーパーは1本60cmです。ケーキのスポンジやお皿を作る時など、1本で足りない場合は、これを数本つなぎ合わせて巻いていきます。ペーパーをつなぐ際には、端が1〜2mm程度重なるように少量の糊で貼り合わせます。

この部分にごく少量の糊をつけて重ねる。

 ## 立体パーツは糊で補強する

グレープロールやコーンロールのような立体的なパーツは、さわった時に凸面が引っ込んだり形が変わったりすることがあるので、裏側に薄く糊をつけて固めることをおすすめします。このひと手間をかけることが、美しい仕上がりにつながります。

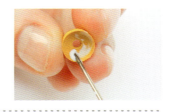

 ## 紙をカットする方向

紙には巻きやすい方向があり、それを間違えると、巻いた跡がガタガタになってしまいます。長さを優先して巻きにくい方向にカットすると、きれいに巻けない原因になります。初めに紙の端に2方向の切り込みを入れ、それぞれに巻いてみるとどちらが巻きやすい方かわかりますので、その方向にカットしましょう。紙の方向を確かめてからカットする習慣をつけると失敗がなくなります。

 ## 紙をきれいにカットするテクニック

本書の作例では、クイリングペーパーの他に、タント紙を1〜1.5mmぐらいの幅に切って使っています。この時、細い幅を測って印をつけ、その通りに切ろうとすると、かえってずれが生じやすいものです。だいたいの幅を覚えておき、目分量で定規を当てて切る方が、同じ幅に切れます。

長い紙をきれいに切るコツは、一気に切ろうとしないことです。定規を置き、まず紙にキズをつけるような感じでスーッとカッターを引きます。同じ場所を同じ力で数回引くと切れます。強い力で細い紙を切ると丸まってしまうこともあるので失敗の元です。優しくカットすれば丸まらず、斜めにカットされることを防止できます。

クイリング Q&A

Q グレープロールやコーンロールがうまく作れません。凸面をうまく出すコツはありますか？

A 凸面を出すのが難しいという場合、実はグレープロールやタイトロールのもとになるタイトサークルの巻き方に問題があることが多いのです。巻く時の力が均等でなく、ガタガタに巻かれたタイトサークルは変形しづらく、いじっているうちに紙がゆがんで、さらに凹凸がうまく出せなくなってきます。「出す」技を覚えるよりも、まずはタイトサークルを均等に巻けるように練習することをおすすめします。また、タイトサークルは若干きつめに巻く方が形を整えやすくなります。10が最もきつい巻きだとするなら、8〜9のきつさが適当です。

Q クイリングペーパー以外によく使われる紙を教えて下さい。

A 本書では、タント紙、新だん紙、マーメイド紙などを使っています。

タント紙はクイリングペーパーに似た質感で、厚くも薄くもなく巻きやすい紙です。色も豊富で、22頁で紹介した100色セットは価格も手ごろなので、食品を作るのに便利です。

新だん紙は、樹皮のようなテクスチャーのある紙で、木の幹、枝、家具などを作る時に使うと効果的です。タント紙より若干厚めですが、しなやかで巻きやすく、タイトサークルやコーンロールもできます。

マーメイド紙は表面にタント紙よりも粗めの凹凸があり、硬く厚みのある紙です。丈夫に作りたい箇所のタイトサークルなどにも使用しますが、固いのでやや巻きにくく、むしろ台紙や紙工作に適していると思います。

Q こういった紙は、どこで買えますか？

A タント紙やマーメイド紙は画材店や紙専門店にはよく置いてあり、手に入れやすい紙です。22頁で紹介したタント紙の100枚セットは雑貨店、百貨店の折り紙コーナーでも売っていることがあります。新だん紙は常備しているお店はあまり多くありません。置いてあっても色の種類が少なかったり欲しい色がない場合もあるので、紙の専門店を検索してネット販売を利用することをおすすめします。

Q いろいろな種類のケーキを作るには、どうすればよいでしょう？

A ケーキの専門書は高額なので、私は雑誌のスイーツ特集、コンビニエンスストア等に置いてあるクリスマス用ケーキのパンフレット、デパートにあるスイーツのパンフレット、地元のケーキ屋さんのパンフレットなどを参考に作っています。初めのうちは自分でケーキのデザインをするよりも、好きなショップのケーキを模倣して練習するとイメージがつかめると思います。それだけでも、何十種類ものケーキを作ることができますよ。

Q 食品を作る時に重要なことは何ですか？

A 作るものを決めたら、まずよく観察することです。そして色を決めますが、この色が重要です。たとえばケーキの場合、トッピングのブドウを紫で作ってしまうと消しゴムでできたおもちゃのようになってしまいますが、黒に近いブルーで作るとリアルになります。また、サツマイモは茶色よりもディープレッド、しば漬けは赤紫よりもマゼンタを使うと本物のようになります。このようにブドウだから紫、イチゴソースだからピンクというように思い込みの色で作らず、観察をしてできるかぎり見たままの色を再現するとリアルになります。思ってもいなかった色を使うことで、よりリアルになることもあります。

Chapter 2
スイーツがいっぱい

この章では、クッキー1枚からバースデーケーキまで様々なお菓子を作っていきます。たくさん作ったら、ウェルカムボードを作ったり、ドールハウス風に飾ったり、アクセサリーにしたりと、楽しみも広がります。

クッキーの詰め合わせ

缶の直径 4cm

　まずは、ウォーミングアップです。タイトサークルに少しだけ手を加えて、3種類のクッキーを作ってみましょう。さらに穴あきタイトサークルなどを使うと、もっといろいろなクッキーができますよ。

　たくさん作って丸い缶の中に入れたら、素敵な詰め合わせの出来上がりです。

＊缶の作り方は 35頁

ハートのクッキー

A　　　B

作り方　Aの中央にBを貼りつける。

A **タイトサークル** ベージュ〈2mm幅〉55cm
B ハートのシール

小さいハートのクッキー

A
C
B

A **タイトサークル** ベージュ〈2mm幅〉55cm
B ベージュ〈2mm幅〉（クリンピングツールでギザギザにする）
C 小さいハートのシール

作り方　Aの中央にCを貼り、Bを1周巻いて糊留めする。

モザイククッキー

A　　　B

C

A **タイトサークル** ベージュ〈2mm幅〉55cm
B Aより大きい茶色のタント紙
C 茶色〈2mm幅〉

作り方

1 Aの右下にBの角を貼る。

2 はみ出た部分を切る。

3 紙を切ったところ。

4 向かい側にもBの角を貼って切る。

5 4で貼った部分に合わせ、側面にCを貼って切る。

> **ワンポイント**
> チョコレートの部分は、紙を扇形に切ってから貼るよりも、四角い紙の角をタイトサークルの中央に当てて貼ってから切る方が簡単です。側面も同じ。「貼ってから切る」テクニックをマスターしましょう。

チョコ入りクッキー

パーツ A / B / C

A **穴あきタイトサークル** 山吹色 〈2mm 幅〉45cm（穴の直径 6mm）
B A より大きな茶色のタント紙
C **スパイラル** 茶色 〈2mm 幅〉10cm

作り方

1. AにBを貼りつけ、はみ出た紙を切る。
2. Aの穴の中に糊を塗り、Cを細かく切って入れる。

お花のクッキー

パーツ

 A ×6　 B

A **穴あきタイトサークル** ベージュ〈2mm 幅〉8cm（穴の直径 1mm、先をつまんでつぶす）
B 赤い丸シール

「穴の直径○ mm」という場合は、直径○ mm の棒などに紙を巻いて作ります。

作り方

A 6個を花のように並べて接着する。この後、中央にBを貼る。

スティッククッキー

糊づけタイプのパタパタ折り（29 頁）で作ります。

パーツ

山吹色〈2mm 幅〉100cm

作り方

1. 紙を5cm ぐらいの長さに折り、糊づけする。
2. 1枚ごとに糊づけしながら折り重ねて厚みを出していく。
3. 適当な厚みになったら、長さ1.5cm にカットする。

Quilling + Paper Craft
クッキーの缶　直径4cm

厚紙と銀色の画用紙を使って丸い缶を作ってみましょう。32頁では、この中に薄い和紙（なければティッシュペーパーでもOK）を敷いてクッキーを入れています。

パーツ

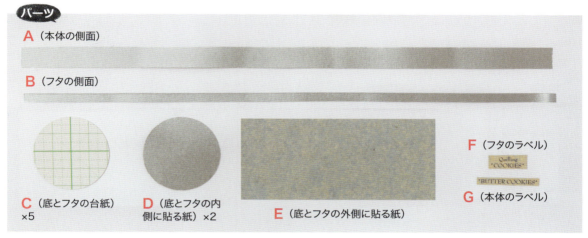

- A（本体の側面）
- B（フタの側面）
- C（底とフタの台紙）×5
- D（底とフタの内側に貼る紙）×2
- E（底とフタの外側に貼る紙）
- F（フタのラベル）
- G（本体のラベル）

A 銀色画用紙〈12mm幅〉35cm／B 銀色画用紙〈5mm幅〉35cm／C 工作用紙（サークルカッターで直径4cmの円を5枚抜く）／D 銀色画用紙（サークルカッターで直径4cmの円を2枚抜く）／E 銀色画用紙（5×10cm程度）／F・G グレーの紙に文字をプリントして適当な大きさに切ったもの（95頁に文字サンプルあり）

作り方

1　まずCを3枚重ねて接着し、さらにDを貼る。

2　Aを1の周りに糊づけしながら2周巻いて留める（銀色の面が缶の内側になるように）。

3　2の底面をEに貼りつける。

4　周りを切る。

5　側面にGを貼って本体の出来上がり。フタはCを2枚重ねて同様に作り、上にFを貼る。

FとGのラベルは、なくても結構です。作例と同じものを作りたい場合は95頁のラベルサンプルをコピーしてお使い下さい。

7粒のチョコレート

ピスタチオナッツチョコの直径 1.7cm

自分へのご褒美チョコです。お店に売っているチョコを参考に、形や色、トッピングなど、いろんなアレンジを考えてみましょう。

ピスタチオナッツチョコ

A グレープロール 濃い茶色〈2mm 幅〉（直径 17mm）
B グレープロール オリーブ色〈2mm 幅〉13cm（レモン形につぶす）

作り方

1 Aのうちの1個の底を太い棒などで、やや平らにする。
2 縁に糊をつける。
3 2個のAを接着し、平らでない方を上にしてBを貼りつける。

ティアドロップチョコ

  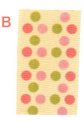

A ティアドロップ ピンク〈6mm 幅〉60cm（元の直径 17mm）
B Aより大きめの模様入りの紙

模様は何でもOKです。

作り方 AをBに貼りつけて周りを切る。

ハートのホワイトチョコ

A タイトロール 白〈6mm 幅〉（直径 17mm）
B タイトロール 白〈2mm 幅〉4cm
C ハートのシール

AとCの間にBを入れることで、ハートを少し浮かせています。

作り方 Aの中央にBを貼り、その上にCを貼る。

フルーツナッツチョコ

パーツ
- **A** タイトサークル 濃い茶色〈3mm 幅〉（直径 17mm）
- **B** タイトサークル 茶色〈2mm 幅〉（直径 17mm）
- **C** タイトサークル 白〈2mm 幅〉14cm（レモン形につぶす）
- **D** レクタングル 山吹色〈2mm 幅〉7cm
- **E** タイトサークル オリーブ色〈2mm 幅〉10cm（レモン形につぶす）
- **F** 変形タイトサークル オレンジ〈2mm 幅〉23cm（1cm の長さで糊づけせずにパタパタ折り〈29 頁〉）

作り方 Aの上にBを接着し、Bの上にC〜Fを貼りつける。

サンキューチョコ

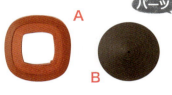

パーツ
- **A** 穴あきタイトロール 茶色〈6mm 幅〉（穴の直径 10mm、四角く変形させる）
- **B** タイトロール 濃い茶色〈2mm 幅〉（直径がAより一回り小さくなるように巻く）
- **C** 文字（Thank You）のシール

作り方 Aの上にBを貼り、その上にCを貼る。

葉っぱのチョコ

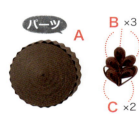

- **A** タイトサークル 濃い茶色〈6mm 幅〉（直径 17mm、同じ紙をクリンピングツールでギザギザにし、1周巻いて貼る）
- **B** ティアドロップ 茶色〈2mm 幅〉5cm
- **C** ティアドロップ 茶色〈2mm 幅〉6cm

作り方 B3個とC2個を写真のように貼り合わせ、Aの上に貼りつける。

お花のチョコ

- **A** 穴あきタイトロール 濃い茶色〈6mm 幅〉（穴の直径 10mm、四角く変形させる）
- **B** Aより大きめの模様入りの紙
- **C** グレープロール ピンク〈2mm 幅〉28cm（端をつまんで涙形にする）
- **D** ルーズスクロール ピンク〈2mm 幅〉4cm（半分に折ってからスクロールする）
- **E** パールのビーズ

作り方 Aの上にBを貼って周りを切り、C〜Eで作った花を貼る。花の中央にEを貼る。

花の作り方

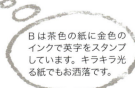

1 Cを3個、とがった部分で接着する。

2 1を裏返す。

3 Dを隙間に差し込んで糊づけする。長い場合は先を切る。

Bは茶色の紙に金色のインクで英字をスタンプしています。キラキラ光る紙でもお洒落です。

お菓子の家

家：3×3.5×3.5cm

紙で作った家の屋根と4つの壁面にいろいろなお菓子を貼りつけて、お菓子の家にしてみませんか？ 飾りつけるお菓子は何でも結構です。形と色のバランスに注意しながら、好きなお菓子を貼って下さい。

＊家の作り方は☞43頁

ドアの側から見たところ。

屋根

屋根の両側に6種類のクッキーを貼りつけて、キャンディーやポッキーで飾ります。

あみかけクッキー
水玉クッキー
チョコポッキー
小さいハートのクッキー
うずまきキャンディー
ジャムクッキー
ロリポップキャンディー
うずまきクッキー
モザイククッキー

あみかけクッキー

パーツ
A **タイトサークル** ベージュ〈2mm 幅〉55cm
B 茶色〈2mm 幅〉

作り方 Aの上面にBを格子状に貼りつける。

ジャムクッキー

パーツ
A **タイトサークル** ベージュ〈2mm 幅〉55cm
B 赤い丸のシール

作り方 Aの中央にBを貼りつける。

水玉クッキー

作り方 Aの上面にBを散らして貼りつける。

Bは小さいパンチで抜いたものでもOKです。

A **グレープロール** ベージュ〈2mm 幅〉55cm
B いろいろな色の紙を直径1mmのポンチで抜いたもの

うずまきクッキー

パーツ タイトサークル ベージュ〈2mm 幅〉30cm 2枚、白〈2mm 幅〉30cm 2枚

作り方 4枚の紙を40頁の「うずまきキャンディー」と同じように巻く。他のクッキーと同じぐらいの大きさになったところで紙を切って糊留めする。

小さいハートのクッキー

33頁と同じ

モザイククッキー

33頁と同じ

チョコポッキー

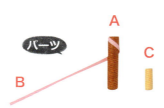

A **タイトサークル** 茶色〈15mm 幅〉
B ピンクのタント紙〈1〜1.5mm 幅〉
C **タイトサークル** ベージュ〈5mm 幅〉2.5cm

作り方 AにBを糊留めしながら巻きつける。その下にCを貼りつける。

ロリポップキャンディー

   パーツ

A **グレープロール** 濃いピンク〈2mm 幅〉30cm
B **グレープロール** 水色〈2mm 幅〉30cm
C いろいろな色の紙を直径 1mm のポンチで抜いたもの
D 白い紙を直径 1mm のポンチで抜いたもの
E **タイトサークル** 白タント紙〈20mm 幅〉1.5cm

   E ×2

作り方 A の上に C、B の上に D を散らして貼りつけ、それぞれの側面に E を貼りつける。

うずまきキャンディー

 パーツ

A **タイトサークル** オレンジ〈2mm 幅〉30cm 3 枚、黄色〈2mm 幅〉30cm 3 枚
B **タイトサークル** 黄色〈2mm 幅〉30cm 3 枚、緑〈2mm 幅〉30cm 3 枚
C **タイトサークル** 白〈20mm 幅〉1.5cm

 C ×2

作り方

1 色違いの紙を 3 枚ずつ、端を糊留めしてから巻き始める。

2 直径がだいたい 12mm になったら巻くのを止める。

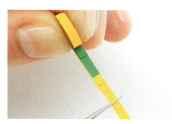

3 階段状に紙を切る。

4 糊をつけて留める。

5 B の出来上がり。

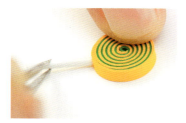

6 C の先端を B に貼りつける。

> ここでは B の作り方を説明しています。
> A はこれと色違いで、やや小さめに作ります。

ハートのチョコクッキー

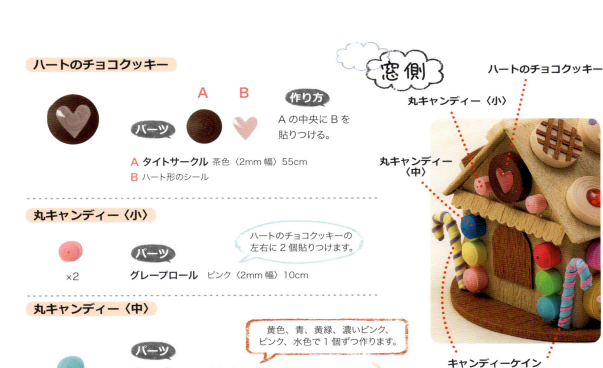

パーツ　A　B　作り方　Aの中央にBを貼りつける。

A タイトサークル 茶色〈2mm幅〉55cm
B ハート形のシール

丸キャンディー〈小〉

×2　パーツ　ハートのチョコクッキーの左右に2個貼りつけます。

グレープロール ピンク〈2mm幅〉10cm

丸キャンディー〈中〉

パーツ　グレープロール 各色〈2mm幅〉15cmぐらい

黄色、青、黄緑、濃いピンク、ピンク、水色で1個ずつ作ります。

初めにピンクを作り、その大きさに合わせて他の色も作るようにすると、きれいにそろいます。

キャンディーケイン

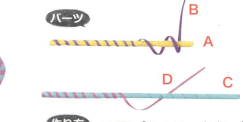

パーツ

A 黄色〈2mm幅〉（手芸用ワイヤーに4cm程度スパイラル状に巻きつけて糊づけする）
B 紫タント紙〈1〜1.5mm幅〉
C 水色タント紙〈2mm幅〉（手芸用ワイヤーに4cm程度スパイラル状に巻きつけて糊づけする）
D 赤紫タント紙〈1〜1.5mm幅〉

☞ 44頁

作り方　44頁の「キャンディーケイン」と同じようにワイヤーに紙を巻きつけ、曲げてカットする。

ゼリービーンズ

黄色、青、黄緑、濃いピンク、ピンク、水色、オレンジ色、紫、赤紫で1個ずつ作ります。

パーツ　変形ルーズサークル 各色〈2mm幅〉7cm (元の直径5mm)

作り方

1 ルーズサークルをニードルに押し当てて変形させる。

2 中央部分をピンセットでつまんで形を整える。

窓側
ハートのチョコクッキー
丸キャンディー〈小〉
丸キャンディー〈中〉
キャンディーケイン

ドア側
ゼリービーンズ
板チョコのドア

板チョコのドア

パーツ
- A 2×1.5cmの茶色の紙
- B 茶色〈5mm幅〉（4cmの長さで3回パタパタ折り〈29頁〉し、5mmに切る）
- C タイトサークル ピンク〈20mm幅〉1.5cm

作り方 AにBを6枚貼り、中列の左にCのドアノブを貼りつける。

AにBを1枚ずつ貼りつけていく。

丸キャンディー〈大〉

パーツ
グレープロール 濃いピンク、オレンジ〈2mm幅〉20cm

ハートのパイクッキー

パーツ
- A ティアドロップ 茶色〈2mm幅〉15cm（元の直径8mm）
- B ピンク〈2mm幅〉

作り方 Aを2個、ハートの形に貼り合わせ、Bを1周巻く。

反対側の壁にも、同じお菓子を貼りつけています。

ドーナツ

パーツ
- A 穴あきグレープロール 黄土色〈2mm幅〉48cm（穴の直径2.5mm）
- B 茶色とピンクの紙を直径1mmのポンチで抜いたもの

作り方 下の写真のようにAの中央をへこませ、その上にBを散らして貼りつける。

1 Aの裏側に糊を塗って固める。

2 中央部分をニードルの後ろなどで軽く押して、へこませる。

3 ふっくらしたドーナツの形の出来上がり。

Quilling + Paper Craft
家
3×3.5×3.5cm

お菓子を貼りつける「家」そのものは、工作用紙で台紙を作り、表面に新だん紙（なければ茶色の紙）を貼りつけてから組み立てていきます。家の壁や屋根は、先に紙を貼ってから曲げると紙がつっぱるので、1面ずつ折り曲げて糊づけしながら貼っていくのがコツです。

A（屋根の台紙）　B（家本体の台紙）

型紙 P.92

AとBは工作用紙、C〜Eは薄茶色、Fは茶色の新だん紙。

C（屋根の表面に貼る紙）　D（家本体の表面に貼る紙）　E（ひさし）　F（窓）

作り方

1 Dの端にBを置き、1面ずつ折り曲げて糊づけしながら貼っていく。

2 1面貼ったら周りをカットしていく。

3 Dの余った分は最初の1面に2枚重ねにして貼りつけ、つなげる。

4 家本体の出来上がり。

5 Aを屋根形に折り曲げてからCを貼りつける。

6 Cの四隅に切り込みを入れる。

AはCの真ん中に貼って、四方の端が少し余るようにします。

7 端の部分を折り込んで糊留めする。はみ出す部分は切る。

8 屋根を本体に接着する。この後EとFも貼りつける。

クリスマスブーツ

ブーツ 1.6×3×3.2cm

お菓子のバリエーションとして、こんなクリスマスブーツはいかがでしょう。クッキーマンにサンタの帽子をかぶせてクリスマス気分を盛り上げます。

ブーツの中のお菓子たち

クッキーマン

 A

 D

 B

 C ×2

 E F

パーツ

- **A** タイトサークル 茶色〈2mm 幅〉61cm
- **B** バニーイヤー 茶色〈2mm 幅〉25cm（元の直径 8.5mm）
- **C** 茶色〈2mm 幅〉16cm（5mm の長さでパタパタ折り〈29 頁〉）
- **D** 白い紙を顔形のパンチで抜いたもの
- **E** コーンロール 赤〈2mm 幅〉10cm
- **F** 白〈2mm 幅〉（E の縁を 2 周巻いて糊留め）

作り方

A〜C を左のように接着してパンチで抜いた顔を貼り、帽子を貼りつける。

キャンディーケイン

B A

1 ワイヤーに赤い紙を巻いて糊留めする。

2 白い紙を糊留めしながら巻きつける。

3 手芸用ペンチなどで先を曲げる。

4 2cm ぐらいの長さになるように切る。

ブーツ

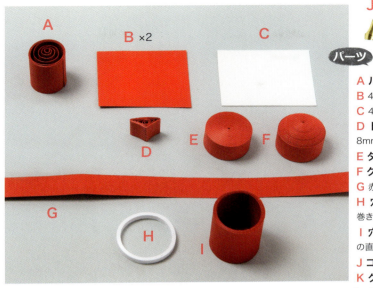

ブーツの飾り

パーツ

A ルーズサークル 赤〈18mm幅〉15cm（直径14mm）
B 4×5cmぐらいの赤い紙
C 4×5cmぐらいの白い紙
D トライアングル 赤〈10mm幅〉20cm（元の直径8mm）
E タイトサークル 赤〈10mm幅〉（直径16mm）
F グレープロール 赤〈10mm幅〉（直径16mm）
G 赤〈10mm幅〉
H 穴あきタイトサークル 白〈2mm幅〉55cm（Iに巻きつけて作る）
I 穴あきタイトサークル 赤〈20mm幅〉20cm（穴の直径15mm）
J コーンロール 金〈2mm幅〉10cm
K グレープロール 赤〈2mm幅〉4cm
L オリーブ色の紙をヒイラギの形に切ったもの

作り方

1 EとFを接着し、Gを2周巻いて糊留めする。

2 左右の隙間にDを1個ずつ入れる（接着しない）。

3 Eの上にIを、その上の縁にHを接着する。Iの中にAを入れる。

4 ブーツの中を底上げした状態。この上にお菓子を入れて糊留めする。

5 靴底にBを1枚貼って周りを切る。その下にCを1枚、Bをもう1枚貼って周りを切る。

6 ブーツの飾りとしてJ、K、Lを貼り付けて、出来上がり。

ワンポイント

ブーツのパーツIのような大きな穴あきタイトサークルを作る時、ちょうどよい直径の棒などがなければ、別の紙で必要な直径のタイトサークルを作り、「型」として利用すると便利です。長さが足りなければ、同じタイトサークルを2個つなぎ合わせるとよいでしょう。

ブーツのパーツIを作るための型にしたタイトサークル

パーツIは型を使ってタイトサークルした後、Eの外側にGを巻いた状態で上に乗せ、接着部分に段差が出ないように厚みを調整する。

ここに段差が出ないように！

カップケーキ4種

缶：4.5×1.5×3cm

ポップで可愛いカップケーキを4種類作って四角い缶に入れてみました。

4つとも、仕上げにはイチゴクリームケーキと同じように、クリンピングツールを使ってギザギザにした紙を周りに巻きます。

実物大

イチゴクリームケーキ

パーツ

A グレープロール 茶色〈6mm幅〉（直径12mm）
B グレープロール ピンク〈2mm幅〉53cm
C スパイラル ピンク〈1mm幅〉55cm
D 濃いピンクの紙をアスタリスクのパンチで抜いたもの（薄いピンクの紙を直径1mmのポンチで抜いた丸を中央に貼る）
E 白い紙をアスタリスクのパンチで抜いたもの（Dと同様にする）
F トレーシングペーパー〈6mm幅〉（クリンピングツールでギザギザにする）

イチゴクリームの作り方

1 Bの側面の下にCの端を糊づけする。
2 糊づけしながら下から上へと巻いていき、一番上で留める。

作り方
❶ Aの上にBを接着する。
❷ 左の写真のようにBにCを巻いて貼りつける。さらにDとEを貼りつける。
❸ Aの側面にFを1周巻いて糊留めする。

Cを作る時は、2mm幅のペーパーを1mm幅にハサミで切って2本にします。

クッキーケーキ

パーツ

A グレープロール ベージュ〈6mm幅〉（直径12mm）
B グレープロール アイボリー〈2mm幅〉18cm
C スパイラル アイボリー〈1mm幅〉20cm
D 白い紙を直径6mmの丸パンチで4枚抜き、貼り合わせたもの
E 濃い茶色の紙を直径6mmの丸パンチで3枚抜き、貼り合わせたもの
F 好きな模様の紙をハート形のパンチで抜いたもの

作り方
❶ AのうえにBを接着する。
❷ 上のイチゴクリームの作り方と同じようにBにCを巻いて貼り、クリームを作る。
❸ 次頁の写真のようにチョコクッキーを作る。
❹ ❷の上に❸とFを貼りつける。

46

1  2枚のEの間にDをはさんで貼り合わせる。

2  表面に針で穴をあける。

オレンジピールケーキ

パーツ
- A グレープロール 茶色〈6mm 幅〉（直径 12mm）
- B グレープロール 黄色〈2mm 幅〉55cm
- C オレンジ〈10mm 幅〉（1.5cm の長さで糊づけしながらパタパタ折り〈29頁〉し、厚み1mmにする）
- D 模様入りの紙を切ったもの

作り方
1. Aの上にBを接着する。
2. Cを1cmぐらいの長さに細く切ったものを2本交差させて接着し、❶の上に貼る。さらにDも貼る。

スマイルケーキ

パーツ
- A グレープロール ベージュ〈6mm 幅〉（直径 12mm）
- B グレープロール 濃い茶色〈2mm 幅〉55cm
- C 黄色の紙を顔形のパンチで抜いたもの
- D 赤い紙をハート形のパンチで抜いたもの

作り方
1. Bの上にCを貼り、Aの上に接着する。
2. Bの側面にDを貼りつける。

Quilling + Paper Craft
四角い缶   4.5×1.5×3cm

35頁の丸い缶と同じ方法で四角い缶を作ることもできます。長方形の角を角丸パンチで抜くのがポイントです。

35頁

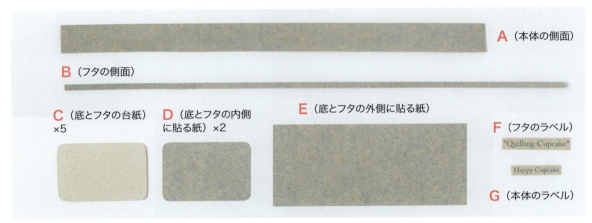

A 銀色画用紙〈15mm 幅〉30cm ／ B 銀色画用紙〈3mm 幅〉30cm ／ C 工作用紙（3×4.5cm に切り四隅を角丸パンチで抜く）／ D 銀色画用紙（3×4.5cm に切り四隅を角丸パンチで抜く）／ E 銀色画用紙（5×10cm ぐらい）／ F・G グレーの紙に文字をプリントして適当な大きさに切ったもの（文字サンプル 95 頁）

小さなケーキ3種

メロンケーキ：1.6cm

ゼリーやムースの入ったケーキ3種。UVレジンやモデリングウォーター、グラスデコなどを使って作ってみましょう。

実物大

メロンケーキ

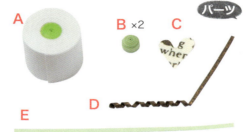

パーツ

A タイトサークル 薄緑〈10mm幅〉10cm ＋ブライトホワイト〈10mm幅〉55cm（薄緑の外側にブライトホワイトを巻く）
B グレープロール 薄緑〈1.5mm幅〉8cm
C 好きな模様の紙をハート形のパンチで抜いたもの
D スパイラル 濃い茶色〈1mm幅〉3cm
E 薄緑〈2mm幅〉
その他 UVレジン

メロンゼリーの作り方

1 Aの中央の薄緑の部分にレジンを1滴垂らす。

2 半球形に固まってメロンゼリーのようになる。

作り方

❶ Aの下の部分をEで1周巻いて留める。
❷ Aの中央の薄緑の部分に1滴UVレジンを垂らして硬化させる。
❸ メロンゼリーの横にBを2つ貼りつけ、CとDも貼る。Dは適当な長さにカットする。

ベリーベリーケーキ

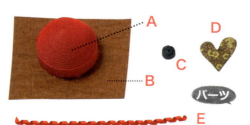

パーツ

A グレープロール 赤〈2mm幅〉60cm（他のケーキと高さを合わせて出す）
B Aより大きめの茶色の紙
C タイトサークル 紺〈1mm幅〉3cm
D 好きな模様の紙をハート形のパンチで抜いたもの
E スパイラル 赤〈1mm幅〉2cm
その他 UVレジン

作り方

❶ AをBに貼りつけ、次頁の写真のようにUVレジンを塗って硬化させる。
❷ Aが硬化したら、周りのBをカットする。
❸ Eを指で丸めてボールのようにし、Aの上にC〜Eを貼りつける。

レジンの塗りかた

1 Aに触れないようにBの端を持ち、小さい筆でUVレジンを塗る。

2 UVレジンを塗り終えたら、UVライトで硬化させる。

UVレジン

UVレジンについては、64〜65頁で詳しく説明しています。

オレンジゼリーケーキ

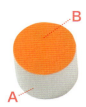 B
 C ×3
 D
 E
 F

この部分を切り取って使う

パーツ **A** タイトサークル ブライトホワイト〈10mm幅〉61cm ／ **B** オレンジ色の紙（Aの上面に合わせて切る）／ **C** スクエア オレンジ〈1mm幅〉5cm ／ **D** オリーブ色の紙を葉の形に切ったもの ／ **E** 模様入りの白い紙をハート形のパンチで抜いたもの ／ **F** 透明フィルム（シールのフタつきの透明の袋を、シール部分を入れて1.3×10cmに切り取る）／ **その他** モデリングウォーター、グラスデコ

作り方

1 AにBを貼って周りをカットする。

モデリングウォーター　　グラスデコ

グラスデコの代わりに水性ペンのインクを使って色をつけることもできます。

2 オレンジ色を上にしてFを巻きつける。

3 上が余るように巻いてシールで留める。

4 プラスティック板などの上にモデリングウォーターを出す。

5 オレンジ色のグラスデコを数滴垂らす。

6 ニードルなどでよく混ぜる。

7 固まったら、ピンセットでむしってクラッシュゼリーにする。

8 3の中に糊をつけ、7を入れて貼る。

9 C〜Eを飾りつけて貼る。

イチゴのバースデーケーキ

直径 2.5 × 高さ 1.8cm

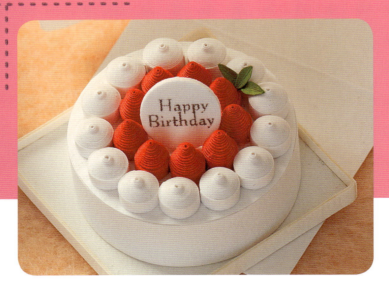

シンプルなイチゴのデコレーションケーキです。イチゴをコーンロール、その周りのクリームをグレープロールで表しました。グレープロールはそのままでもよいのですが、ひと工夫して、よりクリームらしい形にしています。

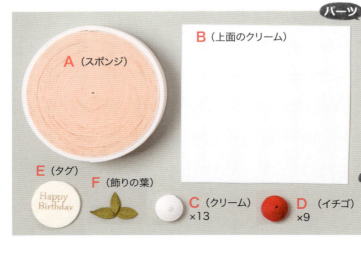

パーツ

A タイトサークル ピンク〈10mm 幅〉＋ブライトホワイト〈10mm 幅〉（直径 23mm になるまでピンクを巻き、その外側に直径 25mm になるまでブライトホワイトを巻く）
B Aより大きな白い紙（マーメイド紙など）
C グレープロール ブライトホワイト〈2mm 幅〉18cm
D コーンロール 赤〈2mm 幅〉14cm
E 白い紙を直径 9mm の丸パンチで抜き、文字を貼ったもの（文字サンプル 95 頁）
F オリーブ色の紙を葉の形に切ったもの

作り方

❶ Aの上にBを貼って周りをカットする。
❷ 左下の写真の要領でクリームを 13 個作り、Bの縁に並べて貼りつける。
❸ ❷の内側にDのイチゴを 9 個貼りつける。
❹ 中央にEを少し起こした状態で貼り、Fの葉も貼りつける。

クリームの作り方

1 Cの中央をニードルなどで押してとがらせる。
2 先端がとがってクリームのように見える。

ワンポイント

Aの内側にピンクの紙を使っていますが、これはLake City Craft社のクイリングペーパーの中でもピンク（ペールピンク）は厚みがあるので、少ない本数で大きなタイトサークルを作ることができるからです。ブライトホワイトは比較的薄いので、外側にだけ数周巻くと紙が節約できます。

ドレスアップ

スイーツの作品を作ったら、紙で作った箱に入れて飾ってみませんか？
35頁と47頁では缶の作り方をご紹介しましたが、ケーキを作ったら、こんな箱に入れるのも楽しいですね。
型紙を巻末に掲載しましたので、いろいろ作って飾ってみて下さい。作品を入れてプレゼントしても喜ばれますよ！

型紙 P.92
型紙 P.93

型紙 P.93
型紙 P.94

大きなケーキ4種

丸いケーキの直径2cm

ホールケーキ3つとロールケーキが1つです。土台のスポンジを作ったら、お好みのトッピングで飾りつけましょう。

実物大

チーズケーキ

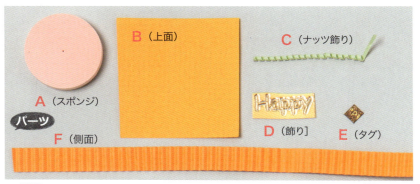

A **タイトサークル** ピンク〈3mm幅〉（直径20mm）／B Aより大きめの黄色いタント紙／C **スパイラル** 薄緑タント紙〈1mm幅〉3cm／D 文字（Happy）のシール／E 2×2mmの金色の紙／F 黄色タント紙〈5mm幅〉（クリンピングツールでギザギザにする）／その他 UVレジン

作り方
1. Aの上にBを貼り、周りを切る。
2. Bの表面に筆でUVレジンを塗り硬化させる。
3. Fを2周巻いて留める。
4. UVレジンが固まったらDとEを貼り、Cを細かく切って貼りつける。

UVレジンを塗ってチーズムースのテカリを出します。

フルーツタルト

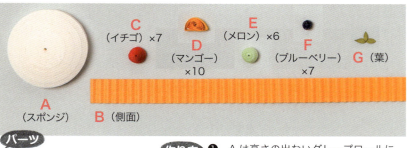

A **グレープロール** 白〈3mm幅〉（直径20mm）／B 黄色タント紙〈5mm幅〉（クリンピングツールでギザギザにする）／C **コーンロール** 赤タント紙〈2mm幅〉13cm／D **クレッセント** 黄色タント紙〈2mm幅〉7.5cm／E **グレープロール** 薄緑タント紙〈2mm幅〉3cm／F **タイトサークル** 紺タント紙〈2mm幅〉3cm／G オリーブ色タント紙を葉の形に切ったもの

作り方
1. Aは高さの出ないグレープロールにし、Bを2周巻いて留める。
2. C～Fを盛りつけて貼り、最後にGを飾る。

チョコレートケーキ

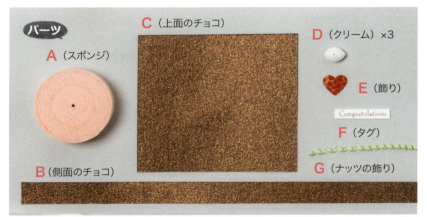

A タイトサークル ピンク〈3mm 幅〉（直径 20mm）／**B** 茶色〈3mm 幅〉／**C** A より大きめの茶色い紙／**D** グレープロール 白〈2mm 幅〉15cm（両端をつまんでレモン形にする）／**E** 好きな模様の紙をハート形のパンチで抜いたもの／**F** 2×17mm の白い紙に文字を貼ったもの（文字サンプル 95 頁）／**G** スパイラル 薄緑タント紙〈1mm 幅〉2cm／**その他** UV レジン

作り方
① A の周りに B を 1 周巻き、上に C を貼る。
② 48 頁の「ベリーベリーケーキ」の要領で、C を持って表面に UV レジンを塗る。
③ UV レジンが固まったら周りの C を切り、D〜F を貼る。
④ G を細かく切って D に貼りつける。

> UV レジンを塗ってチョコレートのテカリを出します。B と C は光る素材の紙だと、いっそうリアルになりますよ。

ロールケーキ

> 白い紙は「新だん紙」を使うと、ちょっとリッチな感じが出ます。D〜I の数は、お好みで増やしたり減らしたりしても OK です！

A ルーズサークル 白〈20mm 幅〉18cm（直径 13mm、半円に変形する）／**B** 白い紙を直径 15mm の丸パンチで抜いたもの／**C** 白い紙を直径 9mm の丸パンチで抜き、文字を貼ったもの（文字サンプル 95 頁）／**D** グレープロール 黄色タント紙〈1mm 幅〉15cm／**E** グレープロール 黄色タント紙〈1mm 幅〉10cm／**F** グレープロール 黄色タント紙〈1mm 幅〉7cm／**G** グレープロール 白タント紙〈1mm 幅〉13cm／**H** グレープロール 白タント紙〈1mm 幅〉7cm／**I** グレープロール 白タント紙〈1mm 幅〉6cm／**その他** UV レジン

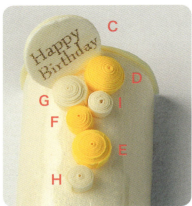

作り方
① A はルーズサークルの中央よりやや下側を折るように半円にする。
② A の表面に筆を使って UV レジンを塗る。繰り返すとテカリが出る。
③ B を A の両端に 1 枚ずつ貼り、A の底面に合わせて半円のように切る。
④ C〜I を写真のように貼りつける。

チョコレートパフェ

直径 2× 高さ 2.5cm

パフェグラスにプリン、チョコレートアイスクリーム、クリーム、チョコスティック、フルーツなどを盛りつけます。アイスクリームの色やフルーツの種類を変えてアレンジしても楽しいですよ。

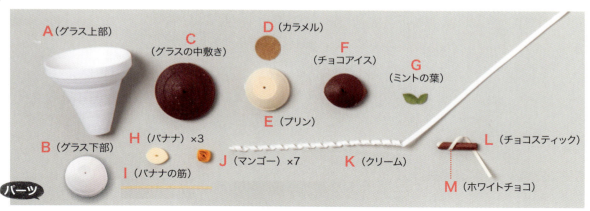

パーツ

A 変形コーンロール ブライトホワイト〈2mm 幅〉（直径 18mm、次頁の写真のように変形）

B グレープロール ブライトホワイト〈2mm 幅〉60cm（直径 6mm の棒などで凸面を平らにする）

C タイトサークル 茶色〈2mm 幅〉（直径 9mm）

D 薄茶タント紙を直径 6mm の丸パンチで抜いたもの

E 変形コーンロール アイボリータント紙〈2mm 幅〉61cm（直径 6mm の棒などで凸面を平らにする）

F グレープロール 茶色〈2mm 幅〉50cm（レモン形に変形する）

G オリーブ色タント紙を葉の形に切ったもの

H タイトサークル アイボリーのタント紙〈2mm 幅〉15cm（楕円形につぶす）

I ベージュのタント紙（次頁の写真のようにごく細く切り出す）

J スクエア 山吹色タント紙〈2mm 幅〉3.5cm

K スパイラル 白〈1mm 幅〉30cm

L タイトサークル 茶色タント紙〈10mm 幅〉2cm

M 白タント紙〈1mm 幅〉

作り方

❶ 次頁の写真のように A を変形し、B を接着してグラスを作る。

❷ グラスの中に C を入れて貼る。

❸ E の上に D と G を貼ってカラメルプリンを作る。

❹ 次頁の写真のように H に I を貼りつけてカットバナナを作る。

❺ グラスの中にプリン→チョコアイス→バナナと盛りつけ、空いているスペースに残ったパーツを盛りつける。

グラスの変形の仕方

1 コーンロールをモールドプレートに乗せる。

2 ギュッと押さえつけて段差をつける。

3 直径6mmの棒で先端を押して平らにする。

カットバナナの作り方

1 ベージュのタント紙をごく細く切る。

2 4本をHに十字型に貼り、余った分を切る。

3 カットバナナの出来上がり。

> アイスの色やトッピングを変えれば、ストロベリーパフェやバニラアイスパフェにもなります。
> お皿に入れるとプリンアラモードにも変身！

焼き芋のミニフレーム

9.5×12.5cm

春夏秋冬の果物や野菜を使ったスイーツでフレーム作品を作ってみました。
このうち、秋の「焼き芋」のフレームの作り方をご紹介します。フリンジをハサミで丸くカットすることで、ホクホクした焼き芋の質感を出すことができました。下のお皿にはスイートポテトとアイスクリームが乗っています。

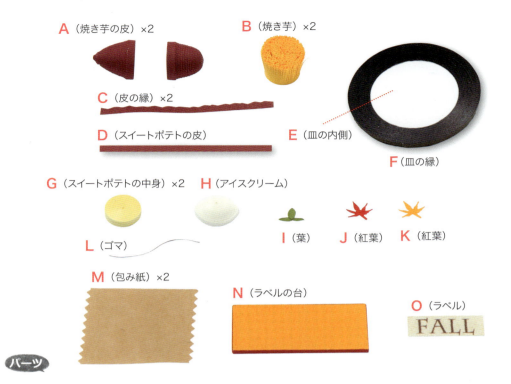

パーツ

- **A** コーンロール ディープレッド〈2mm幅〉61cm（やや丸みをつける）
- **B** フリンジ 黄色〈3mm幅〉59cm
- **C** ディープレッド〈3mm幅〉10cm（片側をハサミで波形にカットする）
- **D** ディープレッド〈2mm幅〉10cm
- **E** 白い厚紙をサークルカッターで直径25mmにカットしたもの
- **F** 穴あきタイトサークル 紺〈2mm幅〉（Eの外側に巻き直径37mmにする）
- **G** タイトサークル クリーム色〈2mm幅〉60cm
- **H** タイトサークル 白〈2mm幅〉60cm（レモン形につぶす）
- **I** オリーブ色のタント紙を葉の形に切ったもの
- **J** 赤のタント紙を紅葉形のパンチで抜いたもの
- **K** 黄色のタント紙を紅葉形のパンチで抜いたもの
- **L** ごく細く切った黒のタント紙
- **M** 22×25mmに切ったクラフト紙（なければ薄茶色の紙、両端はピンキングばさみで切る）
- **N** 12×30mmの厚紙に黄色のタント紙を貼って切り、側面に赤いタント紙を貼ったもの
- **O** アイボリーの紙に文字をプリントして切ったもの（文字サンプル95頁）

作り方

❶ 下の写真のように焼き芋を2個作り、Mに貼りつける。

❷ Gの周りにDを巻き、Lを細かく切って貼りつけ、スイートポテトを作る。

❸ 皿の上にスイートポテトを2個とHを乗せ、I、J、Kを貼る。

❹ NにOを貼りつける。

❺ 額の中に、上からラベル、焼き芋、スイートポテトの皿を貼りつける。

焼き芋の作り方

1 Aの中にBを入れて接着する。

2 フリンジを指で開いて、ハサミで丸くカットする。

3 Aの縁にCを1周巻いて貼る。

4 焼き芋の出来上がり。

 ## スイーツのウェルカムボード
27.5×22×3cm

ミニチュアフードを作ったら、さらにそれをアレンジして楽しんでみましょう。たとえば、こんなウェルカムボードはいかが？ 様々なスイーツに、ティーセットを組み合わせて、「WELCOME」のメッセージとともに額に貼りつけたものです。初登場のティーカップとポットの作り方は、次頁で説明します。

ワンポイント

ティーセットと小さなケーキを乗せている棚は、それぞれ厚紙で半円形と長方形の台紙を作り（同じものを2枚作って貼り合わせる）、表裏と側面に白い新だん紙を貼りつけたものです。この下にタイトサークルを2個ずつ入れて棚を支え、張り出すようにしています。

タイトサークル

ティーカップ

パーツ
- A グレープロール ブライトホワイト〈2mm 幅〉（直径12mm）
- B タイトサークル 茶色〈2mm 幅〉55cm
- C ブライトホワイト〈2mm 幅〉（2cmの長さでパタパタ折り〈29頁〉）
- D 白タント紙を直径16mmの丸パンチで抜いたもの
- E 水色のタント紙を直径12mmの丸パンチで抜いたもの
- F カットしたプラスチック板に好きなシールをつけたもの

作り方
1. AのなかにBを入れて接着する。
2. Cを取っ手の形に変形してAの側面に接着し、カップを作る。
3. Bの中心にFを差し込む。
4. Dの上にEを貼ってソーサーとし、カップを乗せる。

ティーポット

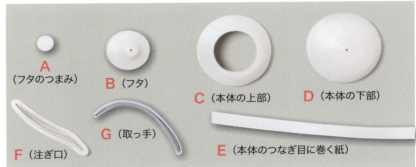

パーツ
- A 直径3mmの丸パンチで白タント紙を4枚、水色タント紙を1枚抜き、貼り合わせたもの
- B グレープロール ブライトホワイト〈2mm 幅〉60cm＋水色〈2mm 幅〉（外側に水色を1周巻く、中央部は粘土ベラで細長く出して直径2mmの棒などで先端を平らにする）
- C 穴あきグレープロール ブライトホワイト〈2mm 幅〉直径17mm（穴はBを利用して作る）
- D グレープロール ブライトホワイト〈2mm 幅〉17mm（直径6mmの棒などで底を平らにする）
- E ブライトホワイト〈3mm 幅〉
- F ブライトホワイト〈2mm 幅〉（2cmの長さでパタパタ折り〈29頁〉）
- G ブライトホワイト〈2mm 幅〉5cm 2枚、水色〈2mm 幅〉5cm 1枚、ブライトホワイト〈2mm 幅〉5cm 2枚（全て重ね上部に少し糊をつけて留める）

作り方
1. Bの上にAを接着してフタを作る。
2. Dの上にCを接着し、つなぎ目を隠すようにEを1周巻いて貼る。
3. Fを下の写真のように変形して注ぎ口を作り、本体に接着する。
4. 細い棒を使ってGを取っ手の形に加工し、本体の大きさに合わせてカットし、本体に接着する。

注ぎ口の作り方

1 Fの先を口の形に変形させる。

2 側面に糊をつけて固める。

3 本体につながる部分を棒などで変形させる。

4 本体との接続部分を斜めに切り、切り口に糊をつけて接着する。

Quilling + Paper Craft
小さなケーキショップ　15.5×12×4cm

　奥行きのある額の中に入れたドールハウス風のケーキショップです。小さなケーキ3種（48頁）と大きなケーキ4種（52頁）を入れられるショーケースを主役にして、棚や小さなフレームアート、クッキーを乗せた椅子なども作ってみましょう。

壁

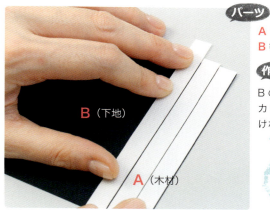

パーツ
A　10mm幅に切った白い紙
B　額の内側の大きさにカットした黒い紙

作り方
Bの上にAを端からまっすぐ貼り、余ったらカットする。1枚ずつ、ごくわずか隙間を空けながら並べて貼っていく。

A、Bの色や幅を変えることで、いろいろな壁を作ることができます。この応用でフローリングの床を作ることもできますよ。

ジャムびんと植木鉢

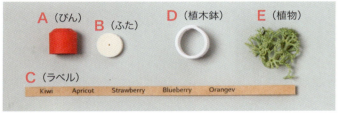

 パーツ
- **A** グレープロール 赤〈6mm 幅〉47cm（上の凸部分を直径 6mm の棒などで平らにする）
- **B** タイトサークル 白〈2mm 幅〉31cm
- **C** 薄茶の紙に文字をプリントして 2mm 幅に切ったもの（文字サンプル 95 頁）
- **D** 穴あきタイトサークル 白〈2mm 幅〉（穴の直径 9mm、厚み 1mm に巻く）
- **E** 造花用のモス
- **その他** マスキングテープ

作り方
1. A の上に B を接着し、色に合わせて C のラベルを貼る。A は赤の他に青、オレンジ色、緑の紙で色違いのびんを作る。
2. D の中に E をふわりと入れて接着する。お好みで細いマスキングテープを 1 周貼る。

棚

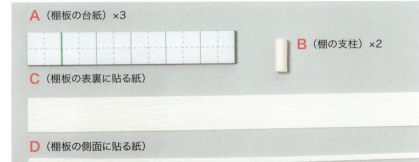
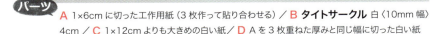

> 表面に貼る白い紙は「新だん紙」を使うと風合いが出ますが、なければ画用紙などでも結構です。

 パーツ
A 1×6cm に切った工作用紙（3 枚作って貼り合わせる）／**B** タイトサークル 白〈10mm 幅〉4cm／**C** 1×12cm よりも大きめの白い紙／**D** A を 3 枚重ねた厚みと同じ幅に切った白い紙

作り方
1. A を 3 枚作って貼り合わせ、写真のように C と D を貼る。
2. 左右の下に B を貼りつけ、壁に接着する。

棚板に白い紙を貼る方法

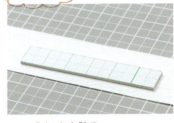

1 C に A を貼る。

2 周りをカットする。裏側も同じようにする。

3 側面にぐるりと D を貼りつけ、余った部分はカットする。

ケーキのショーケース

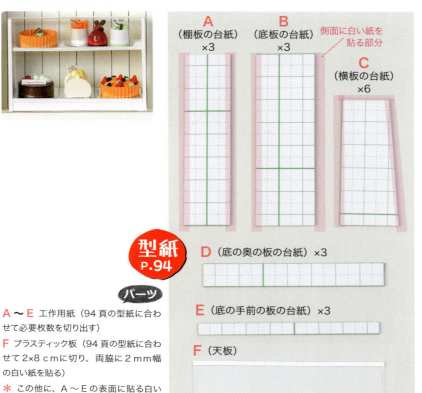

A（棚板の台紙）×3
B（底板の台紙）×3
側面に白い紙を貼る部分
C（横板の台紙）×6
型紙 P.94
D（底の奥の板の台紙）×3
E（底の手前の板の台紙）×3
F（天板）

パーツ

A～E 工作用紙（94頁の型紙に合わせて必要枚数を切り出す）
F プラスチック板（94頁の型紙に合わせて2×8cmに切り、両脇に2mm幅の白い紙を貼る）
＊この他に、A～Eの表面に貼る白い紙が必要です。A5サイズぐらいの大きさがあれば十分です。

ワンポイント

ここで紹介したショーケースや35頁のクッキーの缶などの台紙として、私はダイソーの工作用紙を使っています。これは厚さ約0.4mmと少し薄めですが、それだけにカットしやすく、何枚か重ねて貼り合わせることで、厚みを調整することができます。また、5mm方眼になっているのでサイズがわかりやすく便利です。

作り方

❶ A～Eを3枚ずつ貼り合わせる。Cは2セット作る。
❷ ❶の表裏に白い紙を貼り、周りを切る。
❸ A～Cの側面（上の写真で指示している部分）に白い紙を貼り、周りを切る。
❹ 写真のように組み立てる。

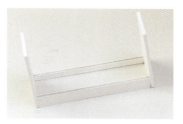

1 2枚のCの間にDとEをはさんで接着する。

2 DとEの上にBを接着する。

3 小さいケーキの高さに合わせ、2枚のCの間にAを接着する。

4 上にFを接着する。

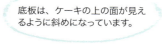

底板は、ケーキの上の面が見えるように斜めになっています。

椅子

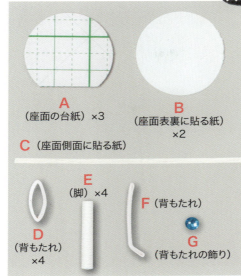

 パーツ

A （座面の台紙）×3
B （座面表裏に貼る紙）×2
C （座面側面に貼る紙）
D （背もたれ）×4
E （脚）×4
F （背もたれ）
G （背もたれの飾り）

A 工作用紙を直径20mmの丸パンチで抜いたもの（3枚貼り合わせて端を切る）／B 白い紙を直径20mmの丸パンチで抜いたもの／C Aを3枚重ねた厚みと同じ幅に切った白い紙／D **穴あきタイトサークル** 白〈2mm幅〉20cm（穴の直径7mm、両端をつまんで変形させる）／E **タイトサークル** 白いタント紙〈20mm幅〉3.5cm／F 白〈2mm幅〉20cm（2cmの長さでパタパタ折り〈29頁〉）し、厚み1mmにする）／G シール

作り方

❶ Aの表裏にBを貼り、余った分を切る。
❷ Aの側面にCを貼る。
❸ Dを4個接着し、中央にGを貼る。
❹ Fの端を写真のように折って糊で固める。
❺ ❸の裏に❹の上部を接着し、折った端を座面の下に接着する。
❻ 座面の下にEの脚を4本接着する。

クッキーとカゴ

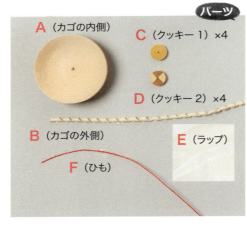

パーツ

A （カゴの内側）
B （カゴの外側）
C （クッキー1）×4
D （クッキー2）×4
E （ラップ）
F （ひも）

A **グレープロール** クリーム〈2mm幅〉（直径18mmに巻いた後、直径7mmの棒などで底を平らにする）／B **スパイラル** クリーム〈1mm幅〉／C **タイトサークル** ベージュのタント紙〈1mm幅〉15cm／D **タイトサークル** ベージュのタント紙〈1mm幅〉15cm（33頁の「モザイククッキー」の要領で茶色い紙を上に貼る）／E 料理用ラップ／F 赤い糸

作り方

❶ Aの外側にBを巻きつけて貼る。46頁の「イチゴクリーム」の作り方とは逆に中心から外側に向かって巻いていく。
❷ Eを適当に切ってCとDを4個ずつ包み、Fで縛り、端をきれいに切り整える。

フレームアート

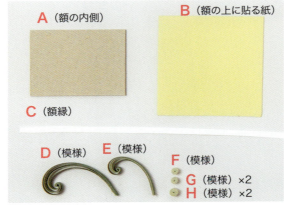

A （額の内側）
B （額の上に貼る紙）
C （額縁）
D （模様）
E （模様）
F （模様）
G （模様）×2
H （模様）×2

A 2.5×3.5cmの工作用紙／B Aより大きめのアイボリーのタント紙／C 白タント紙〈3mm幅〉／D オリーブ色タント紙〈2mm幅〉15cm 2枚、薄緑タント紙〈2mm幅〉15cm 1枚（3枚重ねてオリーブ色が外側になるように半分に折り、折り目からルーズスクロールして端を切って貼る）／E オリーブ色のタント紙〈2mm幅〉10cm 1枚、薄緑タント紙〈2mm幅〉10cm 1枚（Dと同様にする）／F **タイトサークル** 薄緑タント紙〈1mm幅〉2.5cm／G **タイトサークル** 薄緑タント紙〈1mm幅〉3cm／H **タイトサークル** 薄緑タント紙〈1mm幅〉4cm

作り方

❶ BにAを貼って周りを切る。その縁をはさみ込むように、Cを半分の幅に折って貼る。
❷ Bの上にD～Hを貼りつける。

アレンジしてみよう

アクセサリーを楽しむ

クイリングを応用して、ペンダントやピアス、リングなど、ハンドメイドのアクセサリーを作ってみましょう。UVレジンで表面加工すれば、じょうぶで水にも強いので、安心して使えます。

UVレジン
UVライト
リップブラシ

道具・材料について

UVレジンを上手に利用するために

UVレジン

　UVレジンは紫外線に反応して硬化する液状の樹脂で、最近は100円ショップでも手軽に入手できます。カチカチに硬化するハードタイプと、柔らかめに固まるソフトタイプがありますが、私は主にハードタイプを使用しています。

筆

　UVレジンを塗るのに、私は100円ショップで買ったキャップつきのリップブラシを使っています。使用後すぐにキャップ

をして引き出しなどに入れておけば、筆が固まることはありません。UVレジンを塗った筆は水ではなく専用の洗浄剤で洗いますが、このやり方なら洗わずに何度でも使うことができます。

UVライト

UVレジンを硬化させるには、日光に当てる方法とUVライトを使用する方法があります。日光の場合、紫外線の量や環境によって1時間程度で硬化する場合もあれば、6時間窓辺に置いても硬化しない場合もあり、硬化時間が不安定なので、できればUVライトをおすすめします。UVライトを使うと2〜5分ぐらいで硬化します。ただし、UVレジンの使用量によって硬化時間が変化するので、さわってベトベトする場合は再度ライトを当てて下さい。UVライトはレジン専用でもネイル用でもよく、2,000〜7,000円ぐらいで購入できます。

UVレジン 使用のコツ

1 UVレジンは重ね塗りをする

1回で塗ろうと思わず、硬化させながら2度、3度と重ね塗りをするときれいに仕上がります。完全にコーティングされて輝きが出たら完成です。

2 紙に塗った後の色の変化に気をつける

UVレジンを紙に塗ると色がワントーン濃くなります。紙質によっても色の変化があるので、心配な時は1度塗って硬化させて確かめると、失敗がなくなります。

3 とがったところに注意

前頁右上のピアスにしたエビフライの尻尾のように、とがった部分にUVレジンを塗って硬化させると、鋭くなりすぎて危険な場合があります。こんな時は、ヤスリで削って丸みをつけると安心です。削った箇所が白くなってしまった時は、再度筆でUVレジンを薄く塗ると透明に戻ります。これはネイル用のトップコートでも代用できます。

4 金具の接着にUVレジンを利用する

アクセサリー用の金具をつける時はUVレジンを接着剤代わりにすると、金属用のボンド等よりも簡単にしっかりと接着できます。たとえばペンダントやピアス用の差し込み丸カンなら、差し込み穴を作ってUVレジンを少し入れ、金具を差し込んで硬化させます。また、リングの場合はリング台にUVレジンを筆で塗ってから作品を乗せ硬化させると接着します。さらに、台と作品が一体になるように再度UVレジンを塗って硬化させると強度が上がります。

5 UVレジンがはみ出してしまった場合

大量にはみ出した場合は、ヤスリで削ります。少しだけ盛り上がり過ぎた場合は紙ヤスリでも削れます。削り跡が白く残ってしまったら、3のように再度UVレジンを塗れば元に戻ります。

6 文字を入れるには

前頁のペンダントの中に文字が入っていますが、これは印刷が可能な透明フィルム（OHPシート）に、自分で打ち込んだ文字をプリントしたものです。UVレジンに入れると文字だけ浮かび上がります。最近は100円ショップでも文字や絵のレジン用シートが豊富に販売されています。

表現のいろいろ

クイリング作家のテクニック紹介

　クイリングの表現はいろいろ。他の作家の作品を見て、「こんな表現方法があったのか！」と驚かされることもしばしばです。Chapter 2の最後に、2人のクイリング作家から、ユニークなテクニックを紹介していただきます。

Cafe24　17×17cm

　立体クイリングで、ちょっとユニークな動きのある作品は作れないものかと制作したのが、この「コーヒーとミルク」のクイリングです。少しゆるめの細長いコーンロールを利用してミルクが注がれる様子を表現しました。クイリングは発想次第で、こんな動きのある作品も作れるということを、少しでも皆様にお伝えできれば嬉しく思います。

作者　愉喜（ゆき）

愛媛県在住。内藤貴子クイリング教室認定講師。『大好き！ペーパークイリング』『かわいい！ミニチュアクイリング』（共に内藤貴子著）に作品掲載。『素敵なペーパークイリング』共同執筆。初心者のためのクイリング講座「First step Quilling」を運営。四国と関東を行き来しながら、マイペースで活動しています♪
ブログ：http://yukimarry.blog15.fc2.com/
First step Quilling：http://fsquilling.jimdo.com/

流れる液体の表現

パーツ
A（カップ本体） B（取っ手） C（カフェオレ） D（ソーサー） E（ミルクピッチャー本体） F（注ぎ口） G（取っ手） H（ミルク） I（ミルクの芯） J（芯留め）

作り方

❶ AにBを貼りつけてカップを作る。
❷ 下の写真のようにミルクピッチャーの注ぎ口を作り、Gの取っ手を貼りつける。
❸ 下の写真のようにコーヒーとミルクを作る。
❹ ミルクの端にミルクピッチャーを接着し、カップをソーサーに乗せて貼る。

A 変形コーンロール 白〈3mm幅〉（直径20mmにして、直径7mmの棒などで押して底を平らにする）／B 穴あきタイトサークル 白〈3mm幅〉22cm（穴の直径11mm、半分ぐらい糊づけして変形）／C タイトサークル（c1の周りにc2とc3を巻く） c1 白〈2mm幅〉（直径17mm）／c2 白〈2mm幅〉4.5cm×10枚の束／c3 こげ茶〈2mm幅〉12cm×10枚の束／D タイトサークル 白〈2mm幅〉（直径27mm、内側に少しだけ凹みをつけ、中心を押して平らにする）／E グレープロール 白〈2mm幅〉（直径10mmにして、直径5mmの棒などで押して底を平らにする）／F 白〈3mm幅〉6cmぐらい／G 穴あきタイトサークル 白〈2mm幅〉8.5cm（穴の直径6mm、半分ぐらい糊づけして変形）／H コーンロール 白〈10mm幅〉5cm／I 4cmぐらいの細いワイヤー／J タイトサークル 白〈2mm幅〉6.5cm

ミルクピッチャーの注ぎ口の作り方

1 白い紙を半分に折り、点線部分を折り糊づけしてFを作る。

2 Fの状態。

3 FをEに巻いて貼る。余った部分は切る。

4 カップ側面の注ぎ口にかかる部分をカットし切り口を糊で固める。

ミルクの作り方

1 少しゆるめのタイトサークルを押し出してHを作る。

2 内側に糊を塗って固め、両端をまっすぐに切る。

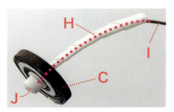

3 IをHより数ミリ短く切り、少しカーブさせながらCとHに差し込んで接着する。

4 3をカップにはめ込んで接着する。

パステルで焼き色をつける

Brunch　クロワッサンの皿：直径 3.2cm

ついつい「クイリングで作るとしたら」という目線で物を見てしまいます。難しかったのが、このクロワッサン。なかなか本物に近づけられなくて、何回も試行錯誤して、やっと小さくても食べたくなるような作品になりました。パンの表面の焼き色は、パステルを細かく削った粉でつけています。

色の塗り方

先を少し湿らせた綿棒に細かく削ったパステルをつけ、薄い色から順に塗っていく。クロワッサンでは4色のパステルを使用。

クロワッサンの作り方　パーツ

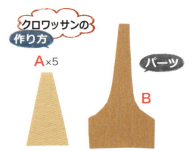

A×5　新だん紙（古染）
B　新だん紙（白茶）

作り方

1　BにAを少しずつずらしながら5枚乗せ、下だけ糊づけする。
ここだけ糊づけ

2　下からゆるく巻いていく。巻き終わりは階段状に切って糊づけする（40頁「うずまきキャンディー」参照）。両端を軽く曲げて切る。

作者 Misa

パンチパンチジャパン認定インストラクター。立体クイリングとの出会いがクイリング制作に拍車をかけています。紙、パンチ、色づけなどを工夫して使うことで、よりリアルな作品を目指しています。
教室：東京都池袋、埼玉県富士見市
email：qmwqd615@gmail.com

Chapter 3
お料理いろいろ

カフェ風のワンプレートメニューから和定食まで、様々なお料理に挑戦します。ごはんはスパイラル、お刺身はレクタングル、焼き魚は変形マーキーズの組み合わせなど、基本パーツにひと工夫。おいしそうにできるかな？

お子様ランチ

直径 4.5cm

チキンライス、ハンバーグと目玉焼き、エビフライ、ミニサラダにポタージュスープをつけたお子様ランチです。チキンライスの上には、プラスティック板をカットしたスティックにシールをつけたものを差しています。

実物大

パーツ

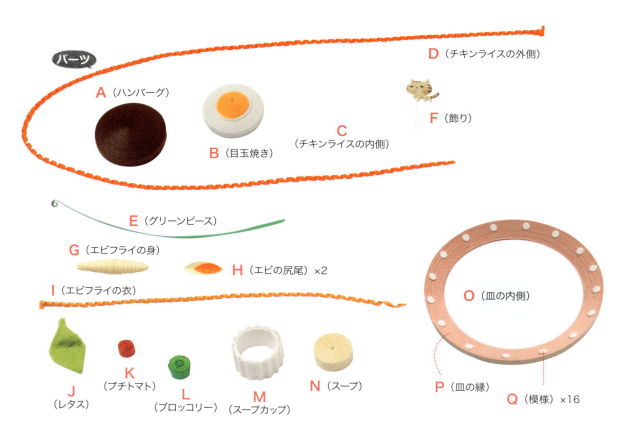

A（ハンバーグ）
B（目玉焼き）
C（チキンライスの内側）
D（チキンライスの外側）
F（飾り）
E（グリーンピース）
G（エビフライの身）
H（エビの尻尾）×2
I（エビフライの衣）
J（レタス）
K（プチトマト）
L（ブロッコリー）
M（スープカップ）
N（スープ）
O（皿の内側）
P（皿の縁）
Q（模様）×16

70

A グレープロール 茶色〈2mm 幅〉（直径 14mm）
B グレープロール 黄色〈2mm 幅〉20cm ＋白〈2mm 幅〉61cm（黄色の外側に白を巻く）
C コーンロール オレンジ〈2mm 幅〉61cm（直径 6mm の棒などで上面を平らにする）
D スパイラル オレンジ〈1mm 幅〉61cm
E ルーズスクロール 緑タント紙〈1mm 幅〉
F プラスチック板で作ったスティックにシールを貼ったもの
G アイボリーのタント紙（底辺 1.5 cm、高さ 4 cm の二等辺三角形に切り、底辺から巻く）
H 白とオレンジのタント紙を大小のとがった楕円形に切ったもの（2 枚接着してエビの尻尾の形にする）
I スパイラル 黄土色〈1mm 幅〉61cm
J 薄緑の和紙を適当にちぎったもの
K グレープロール 赤タント紙〈1mm 幅〉7cm
L フリンジ 緑〈3mm 幅〉7.5cm、薄緑〈3mm 幅〉6.5cm（72 頁の写真のように直径 4.5mm まで巻く）
M 穴あきタイトサークル ブライトホワイト〈6mm 幅〉14.5cm（N の外側に巻く）＋ 白〈6mm 幅〉（クリンピングツールでギザギザにした紙を外側に 1 周巻く）
N タイトサークル アイボリー〈3mm 幅〉40cm
O 白い厚紙をサークルカッターで直径 35mm にカットしたもの
P 穴あきタイトサークル ピンク〈2mm 幅〉（O の外側に巻いて直径 43mm にする）
Q 白いタント紙をパンチで直径 1.5mm の円に抜いたもの（ここでは顔形パンチの目を使用）

作り方

❶ チキンライスは 42 頁の「イチゴクリーム」の作り方のように C の下から上に向かって D を巻いて貼る。
❷ E を少し巻いて切ったものを 3 個、❶の上に貼りつける。さらに、F を差し込む。
❸ 下の写真のようにエビフライを作る。
❹ 72 頁の写真のように皿を作る。
❺ 皿の上に全て盛りつける。

エビフライの作り方

エビの身は、このような三角形の紙を巻いて作ります。

1 三角形の紙の短い辺を中にして巻いていく。

2 G の出来上がり。

3 I を細かくカットして衣にする。

4 G に糊をつけてから 3 の上で転がし、衣をつける。

5 H を 2 枚接着した尻尾をつけて、出来上がり。

ブロッコリーの作り方

1 フリンジした緑の紙を先に少しだけ巻く。

2 間に薄緑の紙を入れ、重ねて巻いて行く。

3 薄緑の紙がなくなったら、緑の紙だけで直径4.5mmになるまで巻いていく。

4 巻き終えたところ。

5 中央に針を差して固定させ、指でほぐして広げる。

6 ブロッコリーの出来上がり。

皿の作り方

1 Oの外側に紙を巻いてPを作ったら、Oをいったんはずし、Pの形を整えてから再度はめて糊づけする。

2 Pを指で少し起こして立ちあげる。

3 Qを16個、皿の縁に均等に並べて貼りつける。

ワンポイント

グレープロールやコーンロールの高さは、高いものから低いものまでいろいろです。作りたいものの形に合わせて調節しましょう。「お子様ランチ」の例では、ハンバーグは低め、チキンライスは高め、目玉焼きは白身と黄身で2段階の高さになっています。

パンケーキセット

直径 4.5cm

クイリングカフェで人気の朝食メニューです。パンケーキとベーコン、スクランブルエッグ、ミニサラダ、スープをワンプレートにおさめました。

A（パンケーキ）×2
B（ベーコン）×2
C（卵）
D（ケチャップ）
E（トマト）×2
F（ブロッコリー）
G（白アスパラガス）×2
H（レタス）
L（玉ねぎ）
I（スープ）
J（カップ本体）
K（取っ手）
M（パセリ）

パーツ

A **グレープロール** 黄土色〈2mm幅〉（直径 17mm）＋アイボリー〈2mm幅〉29cm（黄土色の外側にアイボリーを巻く）

B **コーラルのタント紙**〈4mm幅〉3.5cm（白いペンまたは鉛筆で線を描き、クリンピングツールでギザギザにする）

C **スパイラル** 黄色タント紙〈1mm幅〉15cm

D 赤タント紙〈1mm幅〉7cm

E **クレッセント** 赤タント紙〈1～1.5mm幅〉9cm

F **フリンジ** 緑〈3mm幅〉10cm

G **タイトサークル** アイボリーのタント紙〈10mm幅〉1.5cm

H 薄緑の和紙を適当にちぎったもの

I 赤茶タント紙を直径 9mm の丸パンチで抜いたもの

J **グレープロール** 白〈2mm幅〉90cm（直径 6mmの棒などで底面を平らにする）

K 白〈2mm幅〉（1cmの長さで3回パタパタ折り〈29頁〉）

L **スパイラル** アイボリーのタント紙〈1mm幅〉3cm

M **スパイラル** オリーブ色タント紙〈1mm幅〉3cm

皿の作り方は 70 頁の「お子様ランチ」と同じ。縁の紙の色だけ黄色に変えています。

作り方

① パンケーキはAを2個少し重ねて接着し、その上にBのベーコンをゆるく半分に折って貼る。
② スクランブルエッグはCを指で丸めてところどころ接着し、Dも丸めて貼る。
③ スープはJの横にKを接着し、中にIを入れて貼り、その上にLとMを細かく切って貼る。
④ 皿の上に全てを盛りつけて貼る。

ハンバーガー

直径 4.5cm

2枚のバンズの間にパテと野菜、チーズ、ピクルスなどをはさんだハンバーガーです。上のバンズを少しずらして中を見せるとgood!

パーツ

A（上のバンズ）

B（ピクルス）×4　b1　b2
b3

C（チーズ）

D（パテ）

E（スライスオニオン）×3

F（トマト）

G（レタス）

H（下のバンズ）

A グレープロール 黄土色〈2mm幅〉（直径17mm）＋アイボリー〈2mm幅〉29cm（黄土色の外側にアイボリーを巻く）
b1 ＝薄緑タント紙を直径5mmの丸パンチで抜いたもの
b2 ＝工作用紙を直径5mmの丸パンチで抜いたもの
b3 ＝オリーブ色タント紙（ピクルスの厚みと同じ幅にカット）
C 黄色タント紙〈15mm幅〉（糊づけパタパタ折り〈29頁〉を3回して15cmにカットし、角を少し丸める）
D タイトサークル 茶色〈2mm幅〉（直径15mm）
E トレーシングペーパーを直径9mmの丸パンチで抜いたもの
F タイトサークル 赤〈2mm幅〉（直径15mm）
G 薄緑の和紙をバンズの大きさに合わせてレタスの形にカットしたもの
H グレープロール 黄土色〈2mm幅〉（直径17mm）

作り方

❶ ピクルスは、b2の上にb1を貼り、その厚みの幅にb3をカットして3周巻いて留める。これを4個作っておく。
❷ 下のバンズの上にレタス、トマト、スライスオニオン3枚、パテ、チーズ、ピクルス4個を重ねて接着し、最後に上のバンズを少しずらして接着する。

皿の作り方は70頁の「お子様ランチ」と同じ。縁の紙の色だけ黄色に変えています。

スライスオニオンは、トマトから少しはみ出すように貼りましょう。

トマト
スライスオニオン

ビーフシチュー

直径 4.5cm

内側が茶色で外側が白のツートンカラーのタイトサークルを変形させて、スープとお皿を表しています。具材のブロッコリーは 73 頁のパンケーキセットと同じもの。お肉、ジャガイモ、ニンジンは、少しずつ大きさを変えて変化をつけています。お好きな具材を盛りつけたら、最後にクリームをかけて召し上がれ。

A（シチューと皿）

B（ブロッコリー）

C（肉）×2

D（ジャガイモ）×3

E（ニンジン）×2

パーツ

A タイトサークル 茶色〈2mm 幅〉＋白〈2mm 幅〉（茶色を直径 17mm まで巻き、その外側に白を直径 28mm まで巻く）
B フリンジ 緑〈3mm 幅〉10cm
C レクタングル 茶色タント紙〈2mm 幅〉9cm（元の直径 6mm）、同 7cm（元の直径 5mm）
D グレープロール アイボリーのタント紙〈2mm 幅〉13cm、同 12cm、同 11cm（少しつまんで変形させる）
E トライアングル オレンジ色タント紙〈2mm 幅〉4cm、同 3.5cm

> シチューをのせた皿の作り方は 70 頁の「お子様ランチ」と同じ。縁の紙の色だけ薄紫に変えています。

作り方

❶ A をグレープロールに変形させ、茶色の部分のみ棒などを使って平らにする。裏側全体に糊を薄くつけて固める。
❷ B〜E を盛りつけて貼る。
❸ 上からスイーツデコ用の生クリーム（硬化後透明にならず、白くなるもの）を爪楊枝等で少しだけなぞるようにつける。

ワンポイント

29 頁で説明したように、立体的なパーツは糊で補強します。ただし、糊をつけるとテカリが出るので、お皿などの場合は裏側全面に糊を伸ばし乾燥させて補強します。

> A を変形させると、お皿にシチューが入っているように見えます。

小さな和のお料理 17 種

ごはん：直径1.9×高さ1cm

ごはんとお味噌汁に、ちょっとしたつけ合わせ。普段着の小さな和食たちです。

食輪亭
kui ring tei

実物大

ごはん

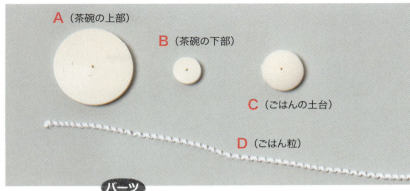

パーツ
- A グレープロール 白〈2mm幅〉（直径18mmにして、直径6mmの棒などで底面を平らにする）
- B タイトサークル 白〈2mm幅〉28cm
- C グレープロール 白〈2mm幅〉61cm
- D スパイラル 白〈1mm幅〉61cm

作り方
1. Aの底にBを接着する。
2. Aの中にCを接着し、下の写真のようにDを巻きつける。

ごはんの盛り方

1 AとCの境目に糊をつける。

2 Cの下から上に向かってDを巻きながら糊づけする。

3 上まできたら余ったDを切り、端を真ん中で糊づけする。

> Cのグレープロールの高さによって、ごはんが大盛りになったり小盛りになったりします！

お味噌汁3種の共通部分

> 次頁のお味噌汁はすべてこのベースを使います！

- A（お碗の上）
- B（お碗の下）
- C（味噌汁）

パーツ
- A グレープロール 黒〈2mm幅〉（直径15mmにして、直径6mmの棒などで底面を平らにする）
- B タイトサークル 黒〈2mm幅〉28cm
- C タイトサークル 茶色〈2mm幅〉（直径11mm）

作り方
1. Aの底にBを接着する。
2. Aの中にCを入れて接着する。

豆腐のお味噌汁

パーツ
- **A スクエア** 白タント紙〈1～1.5mm 幅〉3cm
- **B 穴あきタイトサークル** 薄茶タント紙〈1～1.5mm 幅〉1cm（穴の直径 2mm）
- **C** 深緑タント紙〈2mm 幅〉（クリンピングツールでギザギザにする）

A（豆腐）×3　B（麩）

C（ワカメ）

作り方
1. 共通部分の上にAとBを貼りつける。
2. Cを細かく切って3～5枚貼りつける。

具だくさんのお味噌汁

A（ホウレンソウ）　B（サトイモ）×2　C（ニンジン）×2　D（ネギ）×2

パーツ
- **A** 緑、黄緑、薄緑タント紙〈1.5mm 幅〉（右の作り方参照）
- **B グレープロール** 薄茶タント紙〈1～1.5mm 幅〉6cm
- **C タイトサークル** オレンジ色タント紙〈2mm 幅〉1.5cm
- **D タイトサークル** 薄緑タント紙〈2mm 幅〉1.5cm

ホウレンソウの作り方

パタパタ折り（29頁）の応用で、緑を折ったものに黄緑と薄緑をはさんで貼る。

作り方
1. Aを右写真のようにして作る。
2. 共通部分の上にA～Dを貼りつける。

ハマグリのお味噌汁

A（ハマグリの殻）×3　B（ハマグリの身）×3

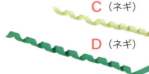
C（ネギ）　D（ネギ）

パーツ
- **A** 白い和紙を殻の形に切ったもの
- **B ルーズサークル** アイボリーのタント紙〈1～1.5mm 幅〉3cm
- **C スパイラル** 薄緑タント紙〈1～1.5mm 幅〉
- **D スパイラル** 緑タント紙〈1～1.5mm 幅〉

作り方
1. 下の写真のようにハマグリを作り、共通部分に貼りつける。
2. さらに、CとDを細かく切って貼る。

ハマグリの作り方

1 白い和紙を長さ5mmぐらいの楕円形に切る。

2 フラワーピンの頭などの丸いものに糊をつけて1を押しつける。

3 乾いたらはずして貝殻のように形を整える。Aの出来上がり。

4 Bを少しつぶして変形させ、Aの中に入れて貼る。

白菜漬け

A（皿） B（皿の模様）

C（白菜）

D（唐辛子）

パーツ

A グレープロール 白〈2mm幅〉（直径14mm）
B ごく薄い水色の和紙
C タイトサークル 白、緑、薄緑〈2mm幅〉10cm（白4枚、緑1枚、薄緑1枚を全てクリンピングツールでギザギザにする）
D ルーズスクロール 赤タント紙〈1～1.5mm幅〉

作り方
❶ Aの底を棒などで少し押して平らにする。
❷ Aの内側にBを貼り、余ったところは切る。
❸ 下の写真のように白菜漬けを作り、皿に入れる。

白菜漬けの作り方

1 Cを内側から緑1本、白2本、薄緑1本、白2本の順番に重ね、一緒に巻いていく。

2 内側から順番に短くなっていくように切り、最後に外側の白い紙を糊づけする。

3 白菜の出来上がり。

4 Dの先を少しだけ巻く。

5 巻いては切って、ルーズスクロールの粒を3個作る。

6 5を糊付けして出来上がり。

たくあんと大根のぬか漬け

A（皿）

C（たくあん）×3

D（大根）×2

B（皿の模様）

パーツ

A グレープロール 茶色〈2mm幅〉（直径13mm）
B 模様入りの和紙を丸パンチで抜いたもの
C タイトサークル 黄色タント紙〈1～1.5mm幅〉15cm
D クレッセント 白タント紙〈1～1.5mm幅〉8cm

作り方
❶ Aの底を棒などで少し押して平らにする。
❷ Aの内側にBを貼り、余ったところは切る。
❸ 皿の上にCとDを盛りつけて接着する。

お新香三種盛り

A（皿）

B（皿の模様）

C（シソの実漬け）

D（シソの実漬け）

E（たくあん）×2　F（梅干し）

パーツ
A グレープロール 白〈2mm幅〉（直径14mm）
B 模様入りの和紙
C スパイラル 深緑タント紙〈1〜1.5mm幅〉
D スパイラル 緑タント紙〈1〜1.5mm幅〉
E タイトサークル 黄色タント紙〈1〜1.5mm幅〉15cm
F グレープロール 赤タント紙〈1〜1.5mm幅〉8.5cm

作り方
1. Aの底を棒などで少し押して平らにする。
2. Bの花模様を切ってAの内側に貼る。
3. CとDを細かく切って混ぜ、まとめる。
4. 皿の上にC〜Fを盛りつけて接着する。

焼きのりとしば漬け

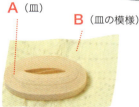
A（皿）　B（皿の模様）

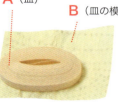
C（焼きのり）×3

D（しば漬け）

E（しば漬け）

パーツ
A 変形タイトサークル クリーム〈2mm幅〉120cm（最初に1cm折って巻く）
B 模様入りの和紙
C 黒タント紙〈4mm幅〉1cm
D スパイラル マゼンタのタント紙〈1〜1.5mm幅〉
E スパイラル 濃い赤のタント紙〈1〜1.5mm幅〉

作り方
1. 下の写真のようにして皿を作る。
2. Cを3枚ずらしながら重ねて端だけ糊づけする。
3. DとEを混ぜながら丸める。
4. 皿の上にC〜Eを盛りつけて接着する。

> パーツに少し和紙を貼りつけるだけで、簡単に和風の器を作ることができます。いろいろな紙で試してみましょう。

楕円形の皿の作り方

1　Aの縁を少し立ち上げて形を整え、くぼんだ側に糊をつける。

2　Bを貼りつけ、余った部分を切る。

3　模様がついた楕円形の和皿の出来上がり。

醤油

パーツ
タイトサークル 濃い茶色〈2mm幅〉50cm＋白〈2mm幅〉61cm

作り方
タイトサークルをいったんグレープロールにしてから、濃い茶色の部分のみ棒などで押して平らにする。

冷や奴 1　ネギとかつおぶし

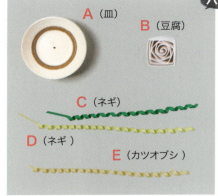

パーツ

A グレープロール 白〈2mm 幅〉40cm ＋茶色〈2mm 幅〉20cm ＋白〈2mm 幅〉60cm
B スクエア 白〈6mm 幅〉10cm（元の直径 7mm）
C スパイラル 緑タント紙〈1〜1.5mm 幅〉
D スパイラル 薄緑タント紙〈1〜1.5mm 幅〉
E スパイラル 薄茶色タント紙〈1〜1.5mm 幅〉

作り方

❶ A の底を棒などで少し押して平らにする。
❷ A の内側に B を接着する。
❸ B の上に糊をつけ、C〜E を細かく切って貼る。

冷や奴 2　ショウガ

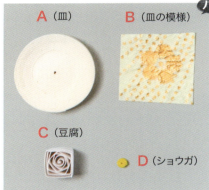

パーツ

A グレープロール 白〈2mm 幅〉(直径 17mm)
B 模様入りの和紙
C スクエア 白〈6mm 幅〉10cm（元の直径 7mm）
D タイトサークル 黄色タント紙〈1〜1.5mm 幅〉3cm

作り方

❶ A の底を棒などで少し押して平らにする。
❷ B の花模様を切って A の内側に貼る。
❸ 皿の上に C を貼り、その上に D を貼りつける。

ホウレンソウのおひたし

パーツ

A グレープロール 白〈2mm 幅〉(直径 16mm、縁の四隅を折って正方形に変形してから底を平らにする)
B 緑タント紙〈2mm 幅〉(1cm の長さで糊づけパタパタ折り〈29 頁〉し、厚み 1mm 強にする)
C 薄緑タント紙〈2mm 幅〉(1cm の長さでパタパタ折りし、厚み 1mm 弱にする)
D 深緑タント紙〈2mm 幅〉(1cm の長さでパタパタ折りし、厚み 2mm にする)
E 薄茶タント紙〈1〜1.5mm 幅〉

作り方

❶ A はグレープロールを作った後、スクエアを作る要領で縁の四隅を折り曲げる。さらに底を棒などで押して平らにし、底は丸く縁は四角い小鉢にする。
❷ ホウレンソウは上から B、C、D、B、C、B の順に貼り合わせ、両端を 1mm になるようにカットする。
❸ A の中に❷を入れて貼り、その上に E を切って数本貼りつける。

> 小鉢の縁を四角く折り曲げる時は、一気に折ると中央が抜けてしまうので、中央を指で押さえながら、抜けないようにゆっくり折りましょう。

ひじきの煮物（大）

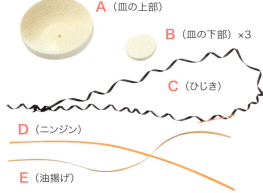

パーツ

A グレープロール 白〈2mm 幅〉（直径 14mm）／B 白いマーメイド紙を直径 6mm の丸パンチで抜いたもの／C スパイラル 黒タント紙〈1〜1.5mm 幅〉／D 薄オレンジ色タント紙〈1〜1.5mm 幅〉／E 薄茶タント紙〈1〜1.5mm 幅〉

作り方

1. A の底を棒などで平らにする。
2. B を3枚貼り合わせて A の底に貼る。
3. C を指で丸め、D と E を細かく切って C にまぶす。
4. C〜E を A の中に入れて貼る。

ひじきの煮物（小）

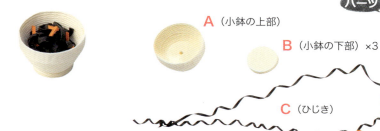

パーツ

A グレープロール 白〈2mm 幅〉60cm／B 白いマーメイド紙を直径 6mm の丸パンチで抜いたもの／C スパイラル 黒タント紙〈1〜1.5mm 幅〉／D オレンジ色タント紙〈1〜1.5mm 幅〉

作り方

1. A の底を棒などで平らにする。
2. B を3枚貼り合わせて A の底に貼る。
3. C を指で丸める、
4. D を細かく切って C にまぶし、A の中に入れて貼る。

オクラのおひたし

オクラを作ったら、カッターナイフでコロコロと転がしながら切ります。

パーツ

A グレープロール 白〈2mm 幅〉（直径 16mm、レモン形に変形する）／B 模様入りの和紙を丸パンチで抜いたもの／C タイトサークル 白タント紙〈15mm 幅〉1.5cm／D 穴あきタイトサークル 緑タント紙〈15mm 幅〉（C に3周巻く）／E 薄茶タント紙〈1〜1.5mm 幅〉

作り方

1. A の底を棒などで平らにする。
2. B を A の内側に貼り、余った部分は切る。
3. C の周りに D を巻きつけてオクラを作る。
4. ③ をカッターナイフで6〜7個に切る。
5. 皿の上にオクラを入れ、その上に E を適当に丸め、つぶして乗せる。

納豆

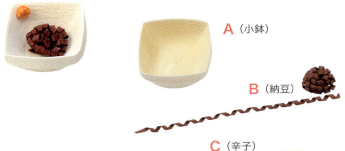

パーツ A **グレープロール** 白〈2mm幅〉（直径14mm、縁の四隅を折って正方形に変形してから底を平らにする）／B **スパイラル** 茶色タント紙〈1～1.5mm幅〉／C 辛子色タント紙〈1～1.5mm幅〉

作り方
1. Aは81頁の「ホウレンソウのおひたし」と同じように変形させる。
2. Bを糊づけしながら丸めてAの中に入れる。
3. Cを少しちぎり丸めてAの内側に接着する。

つみれあんかけ

パーツ A **グレープロール** 白〈2mm幅〉（直径14mm、縁の四隅を折って正方形に変形してから底を平らにする）／B **グレープロール** クリーム〈2mm幅〉25cm／C オリーブ色タント紙を葉の形に切ったもの／**その他** UVレジン（黄色）

作り方
1. Aは81頁の「ホウレンソウのおひたし」と同じように変形させる。
2. Aの中にBを入れ、その上にUVレジン（黄色）をたっぷり垂らして固める。
3. ②の上にCを貼りつける。

生卵

パーツ A **グレープロール** 白〈2mm幅〉（直径16mm、底を平らにしてから片側をつまみ涙形にする）／B **グレープロール** 黄色〈2mm幅〉12cm／**その他** グラスデコ

作り方
Aの中にBを入れ、その上にグラスデコを垂らして固める。

> グラスデコがなければ、木工用ボンドやスイーツデコ（透明）でもOKです。

ソース

パーツ A **タイトサークル** 濃い茶色〈3mm幅〉22cm／B **穴あきタイトサークル** 白〈6mm幅〉（Aに4周巻く）／C 茶色タント紙〈1～1.5mm幅〉

作り方
1. BはAの外側に4周巻きつけて穴あきタイトサークルにし、上部を1カ所つまんで注ぎ口を作る。
2. Bの周りにCを1周巻いて貼りつける。

醤油ラーメン

直径 2.8× 高さ 1.6cm

UVレジンで作ったスープを麺にかけたら、チャーシュー、メンマ、ナルト、煮卵、ネギ、のりなど、いろいろな具材をトッピングします。この応用で、うどんやそばを作ることもできますよ。

実物大

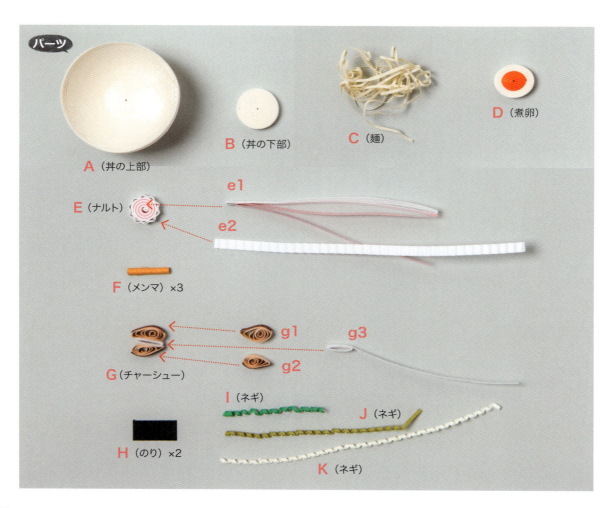

パーツ

A（丼の上部）
B（丼の下部）
C（麺）
D（煮卵）
E（ナルト）　e1　e2
F（メンマ）×3
G（チャーシュー）　g1　g2　g3
H（のり）×2
I（ネギ）
J（ネギ）
K（ネギ）

84

A **コーンロール** 白〈3mm 幅〉（直径 27mm）

B **タイトサークル** 白〈3mm 幅〉60cm

C **アイボリー**〈1mm 幅〉（2mm 幅で 60cm のクイリングペーパーをハサミで 1mm 幅 2 本に切る）

D **タイトサークル** オレンジ〈2mm 幅〉20cm ＋白〈2mm 幅〉28.5cm（オレンジの外側に白を巻く）

e1 **タイトサークル** 白〈2mm 幅〉10cm 3 枚、ピンク〈2mm 幅〉10cm 2 枚

e2 白〈2mm 幅〉（クリンピングツールでギザギザにする）

F **タイトサークル** 黄土色タント紙〈10mm 幅〉2.5cm（少しつぶす）

g1 **ティアドロップ** 薄茶〈2mm 幅〉8cm（元の直径 5.5cm）＋茶色タント紙〈2mm 幅〉（ティアドロップの片側に貼りつける）

g2 **ティアドロップ** 薄茶〈2mm 幅〉6.5cm（元の直径 5cm）＋茶色タント紙〈2mm 幅〉（ティアドロップの片側に貼りつける）

g3 **トレーシングペーパー**〈2mm 幅〉（6mm の長さでパタパタ折り〈29 頁〉）

H 黒のタント紙〈5mm 幅〉1.5cm

I **スパイラル** 緑のタント紙〈1 ～ 1.5mm 幅〉

J **スパイラル** 薄緑のタント紙〈1 ～ 1.5mm 幅〉

K **スパイラル** アイボリーのタント紙〈1 ～ 1.5mm 幅〉

その他 UV レジン

作り方

❶ A の底を少し平らにして B を接着し、丼を作る。

❷ D のオレンジの部分だけグレープロールにして煮卵を作る。

❸ ナルトを作る。e1 をピンクが内側になるように巻き、直径 5.5mm になったら糊留めする。その外側に e2 を 2 周巻いて貼りつける。

❹ チャーシューを作る。g1 と g2 の間に g3 をはさんで貼りつける（g1 と g2 に貼った茶色い紙がチャーシューの上下にくるように）。

❺ C をだいたい 3 等分して丸め、丼の中にまず 3 分の 1 を少量の糊で接着し、その上から UV レジン（下の写真のように色をつけてスープにする）を垂らして硬化させる。残りの C の量を調節しながらこの工程を繰り返し、丼の 7 分目ぐらいにする。

❻ ❺の上にメンマ、ナルト、チャーシュー、煮卵と、3 色のネギ I、J、K を細かく切ったものを乗せ、UV レジンを糊代わりにして硬化させる。

❼ 丼の縁にかかるように H を 2 枚乗せ、UV レジンを糊代わりにして硬化させる。

スープの作り方

1 紙パレットやプラスチック板などの上に茶色の水性ペンのインクを少し出す。

2 その上に UV レジンを垂らす。

水性サインペンやボールペンの色をレジンに混ぜると、好きな色に染めることができます。

3 ニードルや爪楊枝などで色を混ぜて醤油スープにする。

4 丼の中の麺の上に **3** を入れる。

肉ジャガ

直径 2.6cm

肉ジャガは気取りのない普段着メニューの代表格。75頁の「ビーフシチュー」の要領でお皿とスープを一緒に作り、大ぶりな具をゴロンと盛りつけます。お肉とジャガイモだけでは寂しいので、彩りにニンジンとインゲンを添えました。インゲンは71頁のエビフライのエビの身と同じように三角形の紙をクルクル巻いて作ります。

A （皿とスープ）
B （皿の模様）

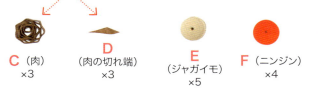

C （肉）×3
D （肉の切れ端）×3
E （ジャガイモ）×5
F （ニンジン）×4

G （インゲン）×5

パーツ

A **タイトサークル** 茶色〈2mm 幅〉＋白〈2mm 幅〉（茶色を直径 17mm まで巻き、その外側に白を直径 26mm になるまで巻く）

B 模様の入った和紙を丸パンチで抜いて半円に切ったもの

C **レクタングル** 茶色タント紙〈2mm 幅〉6cm（クリンピングツールでギザギザにする）

D Cと同じ紙を不定形に切ったもの

E **グレープロール** アイボリーのタント紙〈1〜1.5mm 幅〉12cm

F **タイトサークル** オレンジのタント紙〈1〜1.5mm 幅〉15cm

G **タイトサークル** 緑タント紙（底辺 4mm、高さ 15mmの二等辺三角形を底辺から巻く）

作り方

❶ Aをグレープロールにしてから茶色の部分を押して平らにする。白い部分にBを貼って余った部分は切り取る。

❷ C〜GをAの中に盛りつけて貼る。

ワンポイント

肉ジャガやエビフライなどのメインのお料理に76〜83頁で紹介したごはんとお味噌汁、小さなおかずなどを組み合わせてお盆に乗せると、定食の出来上がりです。いろいろ組み合わせて楽しんで下さい。お盆の作り方は、91頁で説明します。

エビフライ

直径 3.5cm

エビフライの作り方は71頁とほぼ同じ。尻尾の形だけが違います。つけ合わせはタルタルソースと千切りキャベツに、キュウリ、トマト、レモンのスライス。和風のお皿に盛りつけて、定食屋さんのメニュー風にアレンジしました。

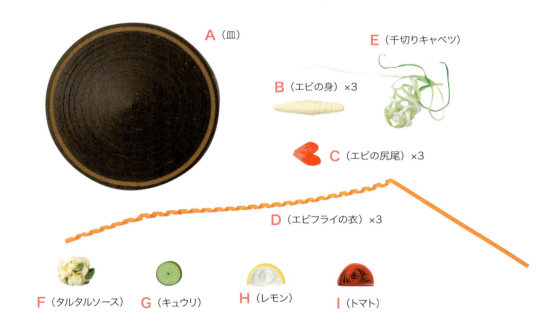

パーツ

A タイトサークル 濃い茶色〈2mm 幅〉（直径31mm）＋薄茶〈2mm 幅〉61cm ＋濃い茶色〈2mm 幅〉61cm

B アイボリーのタント紙（底辺15mm、高さ35mmの二等辺三角形を底辺から巻く）

C オレンジ色タント紙（2枚貼り合わせて涙形に切ったものを2個接着する）

D スパイラル 黄土色タント紙〈1〜1.5mm 幅〉

E 白、薄茶、緑のタント紙〈1〜1.5mm 幅〉（3色を混ぜて手で軽く丸める）

F スパイラル タント紙〈1〜1.5mm 幅〉の白12cm、アイボリー9cm、緑3cm（それぞれスパイラルしてところどころに緑が見えるように丸める）

G タイトサークル 薄緑タント紙〈1.5mm 幅〉12cm ＋緑タント紙〈1.5mm 幅〉（薄緑の外側に緑を2周巻く）

H クレッセント トレーシングペーパー〈2mm 幅〉12cm（元の直径5.5mm）＋黄色タント紙〈2mm 幅〉（クレッセントの上部に貼りつける）

I クレッセント 赤タント紙〈1〜1.5mm 幅〉10cm（元の直径6mm）

作り方

❶ 71頁を参考にしてエビフライを作る。Dを細かく切ってBの周りに貼りつけ、端にCを貼る。

❷ 皿の上にEの千切りキャベツを乗せ、その上にエビフライ3個を乗せて貼る。

❸ ❷の周りにF〜Iを貼る。

焼き鮭

4×2.5cm

　鮭の切り身にだし巻き卵と大根おろしを添えました。マーキーズを少し変形して組み合わせると魚の切り身になる！という発見からできた作品です。

パーツ

A 黒マーメイド紙（2×4cmの長方形に切り、四隅を角丸パンチで丸くカットする）
B 黒マーメイド紙（直径11mmの丸パンチで抜く）
C 和紙
d1 マーキーズ コーラル〈2mm幅〉20cm（元の直径11.5mm）
d2 白〈2mm幅〉20cm（5mmの長さで3回パタパタ折り〈29頁〉）
d3 ルーズサークル 黒〈2mm幅〉2cm（切り身の形に合わせて変形する）
d4 マーキーズ コーラル〈2mm幅〉12cm（元の直径7.5mm）
d5 黒〈2mm幅〉
d6 コーラル〈2mm幅〉
E タイトサークル 黄色〈2mm幅〉10cm 3枚、白〈2mm幅〉10cm 3枚（直径7.5mm）
F オリーブ色タント紙をシソの葉形に切ったもの
G コーンロール 白タント紙〈1〜1.5mm幅〉12cm

A（皿）×2
B（皿の下部）×3
C（皿の模様）

D（鮭の切り身）
d1 d2 d3 d4 d5 d6

E（ホタテ）×2
F（シソの葉）
G（大根おろし）

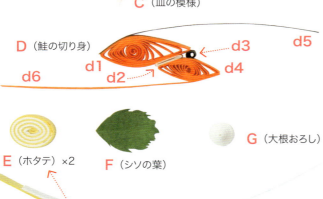

作り方

❶ 皿を作る。Aを2枚貼り合わせてCを貼りつけ、余った分は切る。Bを3枚貼り合わせてAの裏側に貼り、四隅を少し上向きに反らせる。

❷ 鮭の切り身を作る。d1とd4の間にd2とd3をはさんで接着したら、形を整えて上部にd5、下部にd6を貼りつけ、余った分は切る。

❸ だし巻き卵を作る。黄色と白の紙を3枚ずつ、黄色が上になるように重ね、40頁の「うずまきキャンディー」の要領で直径7.5mmになるように巻く。タイトサークルができたら少しつぶして楕円形にする。

❹ 皿の上にD〜Gを盛りつけて貼る。

ホッケの塩焼き

4×2.5cm

こちらも焼き魚です。マーキーズ4つとルーズサークル2つを変形させ、組み合わせてホッケの半身を作ります。

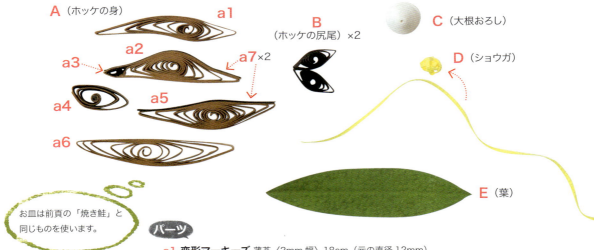

お皿は前頁の「焼き鮭」と同じものを使います。

パーツ

- a1 変形マーキーズ 薄茶〈2mm幅〉18cm（元の直径12mm）
- a2 変形マーキーズ 薄茶〈2mm幅〉20cm（元の直径12mm、上部にa7を貼り、余った分は切る）
- a3 変形ルーズサークル 黒〈2mm幅〉1.5cm
- a4 変形ルーズサークル 薄茶〈2mm幅〉4cm、黒〈2mm幅〉4cm（2枚重ねて巻く）
- a5 変形マーキーズ 薄茶〈2mm幅〉14cm（元の直径12mm、上部にa7を貼り、余った分は切る）
- a6 変形マーキーズ 薄茶〈2mm幅〉18cm（元の直径14mm）
- a7 黒〈2mm幅〉
- B マーキーズ 黒〈2mm幅〉5cm（元の直径4mm）
- C コーンロール 白タント紙〈1〜1.5mm幅〉15cm
- D 黄色タント紙〈1〜1.5mm幅〉4cm（指で丸める）
- E オリーブ色タント紙を笹の葉の形に切ったもの

作り方

❶ 前頁の「焼き鮭」と同じように皿を作る。
❷ ホッケの半身を作る。まずa2の先にa3を押し込んで目の部分とし、a2とa5の上部にa7を貼っておく。a1〜a6を接着して魚のように形を整える。
❸ Bを2個貼り合わせて尻尾を作り、❷に接着する。
❹ Cの上にDを乗せて貼る。
❺ 皿の上にEを貼り、ホッケの半身を乗せて、❹を添える。

お刺身

4.5×2.5cm

マグロの赤身、カンパチ、サーモン、ホタテ、甘エビの5種盛りに刺身のツマを添えて、紙で作ったゲタの上に乗せました。いずれも簡単なパーツですが、組み合わせると豪華になります。

実物大

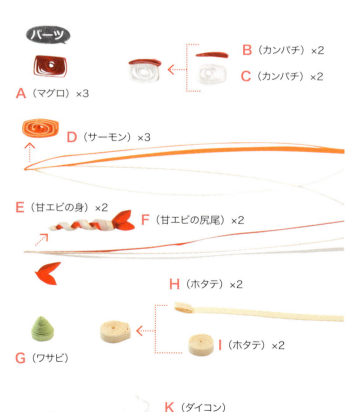

パーツ

- A（マグロ）×3
- B（カンパチ）×2
- C（カンパチ）×2
- D（サーモン）×3
- E（甘エビの身）×2
- F（甘エビの尻尾）×2
- G（ワサビ）
- H（ホタテ）×2
- I（ホタテ）×2
- J（大葉）
- K（ダイコン）
- L（小菊の花）

A レクタングル 白〈2mm幅〉11cm（元の直径6.5mm）
B 赤タント紙〈2mm幅〉（Cの幅に合わせて3回糊づけパタパタ折り〈29頁〉）
C レクタングル トレーシングペーパー〈2mm幅〉10cm（元の直径5.5mm）
D レクタングル オレンジ色タント紙〈2mm幅〉4cm 2枚、白タント紙〈2mm幅〉3cm 1枚
E スパイラル トレーシングペーパー、赤タント紙、ピンクのタント紙〈各1mm幅〉
F 赤タント紙を涙形に切り2枚接着したもの
G コーンロール 緑タント紙〈1〜1.5mm幅〉10cm
H アイボリーのタント紙〈2mm幅〉（2mmの長さで3回パタパタ折り〈29頁〉）
I タイトサークル アイボリーのタント紙〈2mm幅〉12cm
J オリーブ色タント紙を葉の形に切ったもの
K 白のタント紙〈ごく細幅〉（適当なボリュームになる長さに切って指で軽く丸める）
L フリンジ 黄色〈3mm幅〉10cm

作り方

❶ カンパチはまずCを作り、その幅に合わせてBを作ってCの上に接着する。

❷ サーモンはオレンジの紙2枚と白い紙1枚を重ね、白が中にくるようにルーズサークルを作ってからレクタングルに変形する。

❸ 甘エビは3枚の紙を重ねてスパイラルしてから、少しずつずらして3色見えるようにする。これを1.2cmほどに切り、端にFを貼りつける。

❹ ホタテはHをIに貼りつけてからHの残りで全体を1周巻き糊留めする。

❺ 次頁の要領でゲタを作り、全て盛りつけて貼る。

Quilling + Paper Craft
お刺身のゲタ　4.5×2.5cm

長方形の台に脚を2本つけるだけです。厚紙の台紙の表面に新だん紙を貼っていますが、なければ似たような色の紙で結構です。

A（本体の台紙）×4
B（脚の台紙）×6

 パーツ
A　2.5×4.5cmの工作用紙（4枚切って貼り合わせる）／B　2.5×0.5cmの工作用紙（6枚切って3枚ずつ貼り合わせたものを2セット作る）／C　Aの2枚分より大きめの薄茶の新だん紙／D　Bの2枚分より大きめの薄茶の新だん紙／E　Aを4枚重ねた厚みを幅にした薄茶の新だん紙（長さは適宜）

C（本体の表裏に貼る紙）
D（脚の裏側に貼る紙）
E（本体と脚の周りに貼る紙）

作り方
❶ A4枚貼り合わせる。その表裏にCを貼り、余った分は切る。側面にEを1周貼る。
❷ Bを3枚貼り合わせたものを2セット作る。それぞれ下にDを貼って余った分は切る。側面にEを1周貼る。
❸ ❶の下に脚として❷を1個ずつ貼る。

Quilling + Paper Craft
お盆　4.5×3cm

縁に少しだけ赤い色がのぞく漆塗りのお盆です。台紙の形だけ変えれば、同じ作り方で丸や四角のお盆も作ることができますよ。

A（底面の台紙）×2　　B（底面の表裏に貼る紙）×2

 パーツ
A　工作用紙をサークルカッターで直径4.5cmに切り、円の端を切り落としたもの（2枚カットして貼り合わせる）
B　黒タント紙（Aと同じ大きさ）
C　赤〈2mm幅〉
D　黒〈2mm幅〉

C（底面の周りに貼る紙）
D（底面の周りに貼る紙）×2

作り方

1 Aを2枚貼り合わせ、上下にBを貼る。Bの余った部分は切る。

2 1の周りにDを1周巻いて貼る。

3 2の周りにCを1周巻いて貼る。

4 3の周りにさらにDを1周巻いて貼る。

実物大型紙

- - - - - 折り線
――― 切り込み線

P.43 家

Eの作りかた

縦の長さが5mmぐらい、横の長さが家の幅（3cm）の2倍以上になるように紙を切る。

長辺をピンキングバサミで波形にカットする

半分に折って糊付けする。

縦3mm、横3cmになるように余分な紙を切る。

※屋根の表面に貼る紙Cと家本体の表面に貼る紙Dの型紙はありません。CはAを、DはEをもとにして、それぞれ一回り大きい紙を使って下さい。

A（屋根の台紙）

E（ひさし）

B（家本体の台紙）

F（窓）

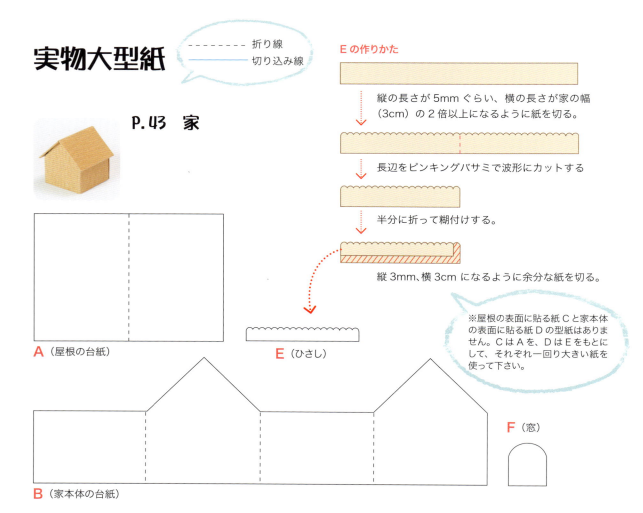

P.51 左上の白い箱

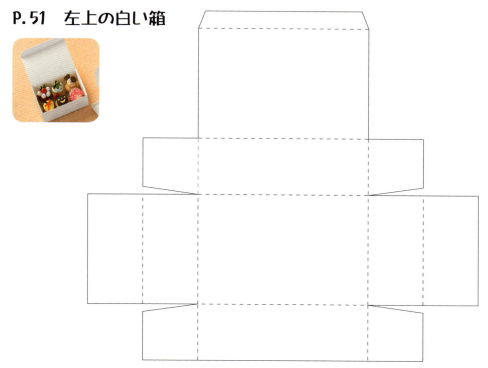

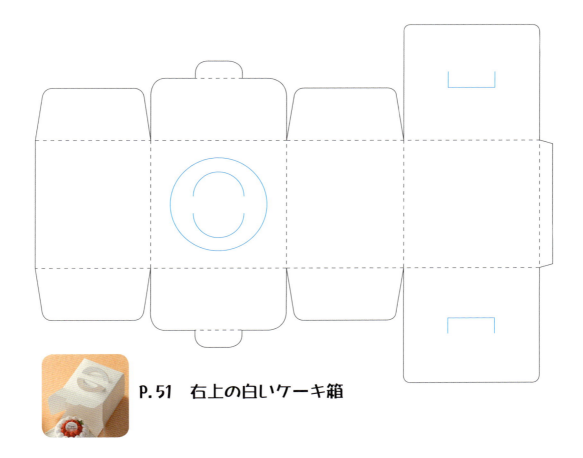

P.51　右上の白いケーキ箱

P.51　左下の白い取っ手付き箱

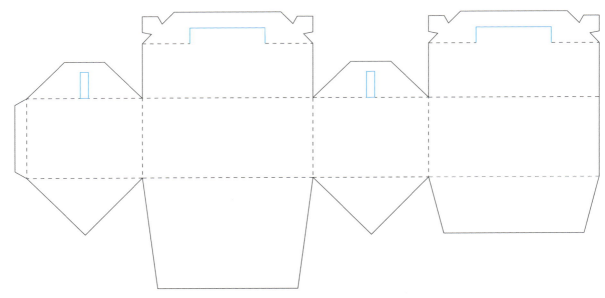

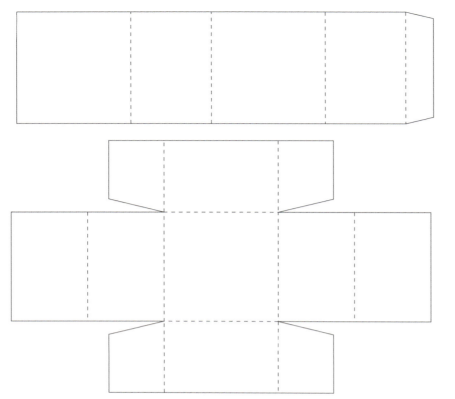

P.51
右下の茶色い箱

A（棚板の台紙）

B（底板の台紙）

D（底の奥の板の台紙）

E（底の手前の板の台紙）

F（天板の台紙）

C（横板の台紙）

P.62
ケーキのショーケース

A〜Eの表面に貼る紙の型紙はありません。A5サイズぐらいの白い紙から、A〜Eに合わせてそれぞれ切り出して下さい。

ラベルサンプル ☞ 本文掲載作例に使用されているラベルです。
下段の「WELCOME」のみ125％拡大、それ以外は実寸でコピーしてお使い下さい。

Quilling　　　　Quilling　　　　Quilling
COOKIES　　*COOKIES*　　*COOKIES*　　（35頁 クッキーの缶 F）

BUTTER COOKIES　　*BUTTER COOKIES*　　*BUTTER COOKIES*　　（35頁 クッキーの缶 G）

Quilling Cupcake　　*Quilling Cupcake*　　*Quilling Cupcake*　　（47頁 四角い缶 F）

Happy Cupcake　　Happy Cupcake　　Happy Cupcake　　（47頁 四角い缶 G）

Happy　　Happy　　Happy
Birthday　Birthday　Birthday　　（50頁 イチゴのバースデーケーキ E、53頁 ロールケーキ C）

Congratulations　Congratulations　Congratulations　（53頁 チョコレートケーキ F）　　FALL FALL FALL

Kiwi　Apricot　Strawberry　Blueberry　Orange　（61頁 ジャムびんと植木鉢 C）　　（57頁 焼き芋のミニフレーム O）

WELCOME

（58頁 スイーツのウェルカムボード）

ペーパークイリングの用具・材料販売店（50音順）

◆ ECONESSNET（ネット販売）
http://econess.ocnk.net/
多様なオリジナル・クイリングバー、クイリングペーパーなど。

◆ 紙の温度（店舗販売・ネット販売）
愛知県名古屋市熱田区神宮 2-11-26
TEL.052-671-2110　FAX.052-671-2810
https://www.kaminoondo.co.jp/
オリジナルをはじめ、Lake City Craft 社、Quilled Creations 社など英・米製直輸入のクイリングペーパー、ツール、キットが充実。

◆ （株）シモジマ east side tokyo クラフト館（店舗販売）
東京都台東区蔵前 1-5-7
TEL.03-5833-6541
http://eastsidetokyo.jp/
花岡株式会社、ヤマト株式会社のクイリングペーパーやツール、キット等。

◆ JOYFUL-2（荒川沖店、守谷店、ひたちなか店、新田店、千代田店、千葉ニュータウン店、富里店、宇都宮店、幸手店、瑞穂店）（店舗販売）
http://www.joyful-2.com/
花岡株式会社、ヤマト株式会社のクイリングペーパーやツール、キット等。

◆ ペーパークイリング STRIPE（店舗販売・ネット販売）
埼玉県所沢市小手指町 1-42-7　アデス 3
TEL.052-671-2110　FAX.052-671-2810
店舗：http://ameblo.jp/shopstripe
ネット：http://e-bison.ocnk.net/
クイリング作家なかにもとこがオーナーを務めるクイリング専門店。国内外の材料と道具が豊富にそろう。

＊この他、ペーパークイリングの道具・材料を販売するネットショップは多数ありますので、お調べのうえご利用下さい。

内藤貴子(ないとう・たかこ)プロフィール

東京都港区生まれ。現在府中市に在住。
1996年、クイリングに出会う。
2000年より、さくらいたえこ先生にペーパークイリングを学ぶ。
2006〜2008年、日本クイリングギルドのクイリング・コンテスト立体部門でグランプリを3年連続受賞。
2009年、府中芸術際にアンティーク・クイリングを出展。
2012年　株式会社ウィルコの2013年版カレンダーに作品提供。
2012年より、南雲理枝先生に銀粘土を学び、シルバークイリングを始める。
2013年　『夢みるかわいい手づくり雑貨1000の手芸』(二見書房)に作品掲載。合同展「クイリングアート展」プロデュース・出展。
2014年　フォーラムアートショップギャラリーにて「I Love Quilling〜内藤貴子作品展」開催。
2015年　東京ガスの「どうして？なるほど！通信」vol. 24〜26の表紙に作品提供。
2016年　鎌倉銀粘土合同展示会「六香」に出展。

現在 ◆日本貴金属粘土協会講師。内藤貴子クイリング教室を主宰。
著書 ◆『大好き！ペーパークイリング』、『かわいい！ミニチュア・クイリング』(以上、日貿出版社)、『素敵な ペーパークイリング』〈共著・監修〉(日貿出版社)
ブログ◆ http://takaquilling.blog9.fc2.com/
メールアドレス◆ ytny-t.5@jcom.home.ne.jp

内藤貴子クイリング教室(府中市)
平面の基礎と立体クイリングを楽しみながら学ぶスタイルです。
出張教室・学校関係講習会・クイリングボランティアもご相談に応じます。

本書の内容の一部あるいは全部を無断で複写複製(コピー)することは法律で認められた場合を除き、著作者および出版社の権利の侵害となりますので、その場合は予め小社あて許諾を求めて下さい。

ペーパークイリングのお菓子と料理70レシピ
紙で作るミニチュアフード
●定価はカバーに表示してあります

2016年12月28日　初版発行

著　者　　内藤貴子
発行者　　川内長成
発行所　　株式会社日貿出版社
　　　　　東京都文京区本郷5-2-2　〒113-0033
　　　　　電話　(03) 5805-3303 (代表)　FAX (03) 5805-3307
　　　　　振替　00180-3-18495

印刷　株式会社シナノパブリッシングプレス
撮影　松岡伸一
装丁・本文レイアウト　栗谷佳代子
©2016 by Takako Naito / Printed in Japan
落丁・乱丁本はお取替えいたします。

ISBN978-4-8170-8230-5
http://www.nichibou.co.jp/